LE MONDE EST CLOS ET LE DÉSIR INFINI
by Daniel Cohen

ⓒ Editions Albin Michel – Paris 2015
Korean translation copyright ⓒ Geulhangari 2019

Published by arrangement with Editions Albin Michel
through Sybylle books Literary Agency, Seoul

출구 없는 사회

무한한 욕망의 세계사

다니엘 코엔 지음
Daniel Cohen

박나리 옮김

Le Monde est clos et le dé sir infini

글항아리

이 책 또한 읽을 것이 분명한

폴린에게

"인간이 자기 삶의 물질적 여건에 무지하다는 사실은,

인간을 심각하게 방황하도록 이끈다."

_조르주 바타유, 『저주의 몫』

차례

서문 011

1장 성장의 원천

1. 인류 021

2. 대이동 032

3. 2026년 11월 13일 044

4. 화폐의 탄생 050

5. 역사의 절도 059

6. 닫힌 세계에서 무한한 우주로 071

2장 미래, 미래여!

7. 특이점이 온다 085

8. 인간의 노동은 어디로 향하나? 094

9. 성장이 자취를 감추다 100

10. 할리우드에 간 마르크스 108

11. 새로운 파탄Collapsus novum 121

3장 진보를 재고하기

12. (새로운) 대변혁 135

13. 자율과 생존 146

14. 신화와 한恨 153

15. 이중 구속 164

16. 덴마크처럼 하려면 어떻게 해야 할까? 174

17. 사회적 족내혼 184

18. 성장을 넘어서서 193

결론 203

감사의 말 206

주註 207

경제성장은 현대사회의 종교다. 갈등을 완화시키는 묘약이자, 무한한 진보의 약속이다. 없는 것을 가지길 바라는 인간 생활의 일상적 비극에 경제성장은 해답을 내놓는다. 허나 슬프게도, 최소한 서구세계에서 성장은 간헐적이고 변덕스러운 존재가 되었으니…… 버블 뒤에 폭락이 이어지고, 폭락 뒤에 버블이 이어진다. 경제성장이 실현되지 않을 때, 정치가는 비를 기원하는 주술사처럼 하늘을 향해 두 손을 들어올리며 경제성장이 뚝 떨어지기를 바라지만, 국민의 원성을 살 뿐이다. 그렇지만 현대사회는 그저 희생양을 찾을 뿐, 다음과 같은 핵심 질문은 던지지 않는다. 무한 성장이라는 약속이 무의미해졌다면? 현대세계는 또 다른 만족감을 찾아낼 수 있을까, 아니면 절망과 폭력의 나락으로 떨어질까?

 역사학자들은 17세기 유럽을 강타했던 근본적인 정신적 불안을 가리켜 '유럽 의식의 위기'라고 말했다. 당대인들은 갈릴레이와 케플러 덕분에 우주가 텅 비어 있으며 별에 신들이 거하지 않는다는 사실을 발견했던 것이다. 오늘날 우리는 그와 동일한 성격의 위기를 겪는 중이다. 성장이 사라지자 진보의 이상은 자취를 감춘 듯하다. 과거 조상들은 이렇게 질문했다. '신을 향한 희망이 사라진 가운데서도 삶을 살아갈 가치가 있을까?' 이 질문은 오늘날 이렇게 바뀌었다. '물질적 진보의 약속이 사라진다면 우리 삶은 비참하고 투박해지지 않을까?'

영국의 위대한 경제학자 존 메이너드 케인스는 1930년대 초 당대의 비관주의를 경계하는 글을 썼다. 그리고 그의 희망찬 메시지는 오늘날에도 여전히 생기로 가득하다. 위기가 점차 더 뚜렷하게 윤곽을 드러낼지라도, 케인스는 예측을 현실로 착각해서는 안 된다고 주장했다. 한 세기 전에 식량 문제가 해결되었던 것처럼 '경제 문제'도 곧 해결될 것이라고 말이다. 케인스는 산업 성장의 주기를 확대 적용함으로써, 2030년이면 전 인류가 하루 3시간만 일하며 예술, 문화, 형이상학과 같은 정말로 중요한 일에 시간을 쓸 것이라고 위세당당하게 선언했다.

그러나 안타깝게도, 문화와 형이상학은 우리 시대의 주요 사안이 되지 못했다. 현대사회는 케인스가 예측을 내놓았던 시대보다 여섯 배 이상 부유한데도 역사상 그 어느 때보다 물질적 풍요로움을 추구하고 있다. 케인스라는 이 위대한 인물은 미래의 번영만큼은 완벽하게 예측했으나, 우리가 그 번영으로 무엇을 할지 예견하는 데는 완전히 실패했다. 앞서 실패했던 수많은 학자와 마찬가지로, 케인스는 인간이 지닌 욕망의 엄청난 가변성을 제대로 가늠하지 못했던 것이다. 인간의 욕망은 세계에서 자신의 자리를 만들기 위해서라면 모든 부를 다 소비하고도 남을 태세다. 그리하여 르네 지라르는 이렇게 적었다. "일차적 욕구가 충족되고 나면, 혹은 그러기 전에도, 인간은 강렬하게 욕망하나 무엇을 욕망하는지는 모른다. 왜냐하면 그가 욕망하는 것은 존재存在, 빼앗겼다고 느끼는 어느 존재이자 다른 누군가가 박탈해간 것 같은 자신의 존재이기 때문이다." 성장은 목표에 다다르기 위한 수단이 아니라 일종의 종교처럼 작용한다. 그리고 인간은 존재의 고뇌를 모면하는 데 이 성장이라는 종교가 도움을 줄 것이라고 기대한다.

수십억 인구가 경제성장이라는 동일 신을 숭배하며 지구상의 생명을 위협하는 시대에, 이제 근본적인 사색은 불가피해졌다. 케인스의 예측을, 뒤집어서 받아들일 수 있을까? 물질적 성장이 약화되었음을 인정하되, 그럼에도 불구하고 새로운 행복(심리적, 비물질적……) 시대를 시작하려 할 수 있을까? 즉, 진보가 갑작스레 무의미한 개념이 되지 않았다고 장담할 수 있을까?

진보 개념은 크나큰 오해의 대상이었다. 18세기에 진보 개념을 예고했던 계몽주의 사상은 이 개념에 앙시앵레짐의 수구주의를 비판하는 의미를 부여함으로써, 진보를 윤리와 자율 및 자유의 가치로 만들었다. 유럽에서 19세기 동안 펼쳐진 산업혁명은 이러한 이상을 물질적 진보의 약속으로 탈바꿈시켰다. 그리고 이를 위해 산업혁명이 정착시킨 사회적 구조는 혁명의 이상과는 정반대되는 형태였다. 기계공들이 사제들을 내쫓았음에도 불구하고 산업사회는 여전히 과거만큼이나 수직적 구조를 유지했던 것이다. 공장에서나 가정에서나 위계적 모형은 여전히 주를 이뤘다. 20세기에는 산업세계의 기치인 포드주의가 과거의 피라미드식 조직을 유지시켰다. 사생활 영역으로 말하자면, 프랑스에서는 1965년이 되어서야 여성이 남편의 허락 없이 은행 계좌를 소유할 수 있었다. 대혁명으로부터 2세기쯤 지난 후에도 여성은 여전히 본인과 관련된 법률 행위 대부분에서 남편의 후견 아래 놓여 있었다. 여성 및 수많은 사회적 범주에 속한 사람에게 자율과 자유의 이념은 오래도록 의미 없는 말이었던 셈이다.

농경사회의 자취가 완전히 사라진 것은 불과 몇십 년 동안의 일이다. 이제 근로자는 더 이상 (농업적 혹은 산업적) 물질이 아니라 정보의 흐름을 가지고 노동한다. 사회학자 로널드 잉글하트는 창조성이 권위를 대신하여 이 사회의 골격을 구성하는 가치로 자리잡았다고 봤다. 계몽주의 사상이 끝내 설욕을 갚았으며, 공교육 제도와 복지국가 제도가 인간을 곤궁과 미신에서 벗어나게 했다고 말이다. 허나 잉글하트는 필연성으로부터 우연성을 해방시킨 탈물질주의적post-materialist 세계가 눈앞에 있다는 결론을 내리면서, 케인스와 같은 오류를 반복하고 있다. 후기 산업주의 사회는 낙관적이고 포용적인 세계를 만들기는커녕 실제로는 정반대의 모습을 보여준다. 경제적 불안과 미래에 대한 두려움을 간직한 채, 결국은 이 사회에서 제고될 것으로 여겨졌던 이상들을 파괴하기에 이른다.

산업사회는 생산 방식과 보호 방식을 봉건세계풍으로 일치시키는 데 (뒤늦게나마) 성공했다. 반면 오늘날에는 새로운 디지털 경제가 철저히 와해적인 '제로 비용'의 생산 모형을 정착시켰다. 체스 게임에서부터 현금지급기를 거쳐 증권 거래에 이르기까지, 저렴한 프로그램이 정밀화 수준을 막론하고 전 분야의 기계적 업무를 흡수해버렸다. 구글은 컴퓨터가 운전하는 무인 자동차를 개발했다. 일본에서는 로봇이 노인을 돌본다. 반복적 경향의 활동이라면 무엇이든 프로그램으로 대체된다는 선고를 받기라도 한 듯, 밀려오는 이 거대한 해일에서 벗어나려다보니 사람들의 긴장감은 이전에는 없던 수준으로 치솟았다. 법학자이자 정신분석학자 피에르 르장드르의 문장을 빌리자면, 현대인은 '스스로의 정신적 한계를 넘어선 삶'을 살고 있다. 도저히 견딜 수 없는 상황에서 빚으로 허덕이며, 재산을 탕진했음을 부정하는 가정처럼 말이다.

디지털 사회는 기이한 역설에 사로잡혀 있다. 기술적 전망이 역사상 이토록 밝았던 적도 없지만, 경제성장 전망률 또한 이토록 실망스러웠던 적이 없다. 미국은 인구 90퍼센트의 구매력이 지난 30년간 전혀 오르지 않았다. 유럽은 동기 대비 1인당 평균 소득상승률이 3퍼센트에서 1.5퍼센트로, 이후 0.5퍼센트로 하락했다. 우리는 단어 자체가 모순처럼 보이는 '성장 없는 산업혁명'을 경험하는 셈이다. 이 뜻밖의 상황을 어떻게 이해해야 할까? 어째서 디지털 시대는 한 세기 이전 전기電氣의 시대처럼 성장 촉진을 이끌어내지 못하는 것일까?

첫 번째 원인은 노동의 측면에서 찾아야 한다. 성장률이 높아지려면 고성능 기계가 인간을 대체하는 것만으로는 부족하다. 일자리가 사라진 인간들의 생산성을 높여주어야 한다. 20세기의 성장이 특히 견고했던 것은, 농촌에서 쫓겨난 농부들이 도시에서 높은 잠재력의 산업직을 찾았기 때문이다. 오늘날 성장이 다시 견고하게 시작되려면 정원사의 일자리가 산업직을 대체하는 것만으로는 부족하다. 성장이 지속되길 바란다면, 정원사는 자신이 재배하는 꽃의 양이나 질을 향상시키는 법을 배워야만 한다.

여기서 두 번째 원인으로 이어진다. 산업사회는 인구의 도시화라는 거대한 임무를 완수했다. 후기 산업사회의 야망은 그보다 훨씬 작다. 후기 산업사회는 사회적 상호작용(카풀, 소개팅, 미팅 등)을 더 잘 관리하고, (소음 및 환경) 공해를 줄이며, TV 채널 수를 늘리는 데 주력한다. 하지만, 특히 경제학자 로버트 고든에 따르면, 후기 산업사회는 진정으로 새로운 소비사회를 창조해내지는 못한다. 스마트폰을 제외한다면, 소비자는 이전에 전구, 자동차, 비행기, 영화, 에어컨 등을 발견하며 느꼈던 정도의 충격을 받지 않았다. 디지털 사회는 레몬즙을 짜내듯 근로자를 쥐어짜지만(생산 측면), 디지털 사회가 만들어내는 세상은 이미 그 상징이나 다름없는 태블릿 PC와 스마트폰으로 포화돼 있다(소비 측면).

신기술에 열광하는 학자들은 미래가 장밋빛이라고 예측하며 이러한 반박 의견을 일거에 무너뜨린다. 예컨대 '트랜스휴머니즘 Transhumanism' 운동에서는 곧 모두가 새로운 생체공학적 인공 기관을 보유하여 신체와 지능을 향상시키고 효율을 극대화할 수 있다고 본다. 마이크로프로세서가 진화함에 따라, 머릿속에 담긴 모든 정보를 USB 메모리 하나에 저장할 수 있고 덕분에 각자의 기량이 향상될 것이라고 말이다. 트랜스휴머니즘의 주창자 레이 커즈와일은 "우리는 생물학을 초월하고 있다!"고, 또한 불멸의 삶이 가능해질 것이라고 자랑스럽게 선언했다. 경제성장의 차원으로 볼 때 바이오 혁명이 디지털 혁명보다 더 나으리라는 전망을 보장해주는 것은 전혀 없다. 하지만 이 바이오 혁명은 하나의 전망이라기보다는 새로운 혁명이 눈앞에 도래했음을 끝없이 믿고 싶어하는 우리의 억누를 수 없는 욕구를 반증하는 것임이 분명하다.

현대사회가 여전히 제구실을 하기 위해서는 성장이 절실히 요구된다. 하지만 성장을 되찾기 위해 사회는 어디까지 나아갈 수 있을까? 필립 K. 딕의 소설을 원작으로 한 영화 「블레이드 러너」는 오늘날 눈앞으로 다가온 근미래 세계의 쇠락한 이미지를 선명하게 보여주었다. 숨 막힐 정도로 오염이 심각한 로스앤젤레스. 바이오 산업은 점점 더 완벽한 클론을 생산했고, 클론은 비인간적인 업무를 위한 노예로 변모했다. 해리슨 포드가 분한 주인공은 폭동을 일으킨 사이보그 무리의 추격 임무를 맡는다. 그러다 어느 안드로이드 여성과 사랑에 빠지고, 그녀가 인간이 아니라는 사실을 주인공이 확인한 순간, 이 여성은 자신의 삶이 얼마나 고독한지를 알려준다. 로봇, 사이보그, 기후 온난화, 질식할 것 같은 도시들……. 이는 인류가 심리적, 환경적 '한계를 넘어서서 사는' 디스토피아, 얼마든지 가능한 세상의 이미지다.

조르주 바타유는 『저주의 몫La Part maudite』에서 "(자신의) 모든 한계를 사방팔방으로 넘어서려 하는" 인간사회의 이처럼 반복되는 저주야말로 인간사회의 진실을 포착해내는 유일한 방법이라고 분석했다. 인류는 이 저주에서 벗어날 수 있을까? 우리는 계몽주의와의 새로운 조우를 진정 결심하지 않은 채, 이 조우를 망치는 중이다. 인류는 불안감이라는 함정에 빠지지 않은 채, 자율과 자유의 가치들에 계몽주의 시대의 가능성을 제공할 수 있을까? 전 세계적으로 수십억 인구가 산업사회에 진입하는 이 시대에, '혼돈'을 거치지 않고서 이 시대를 명료하게 밝힐 수 있을까?

이상은 우리 세계의 유한성이 그 답을 요구하는 민감한 질문들이다. 이 유한성은 인간의 욕망을 이해하는, 그리고 이 욕망이 인간사에서 발현되었던 영역들을 이해하는 기나긴 여행으로 우리를 이끈다.

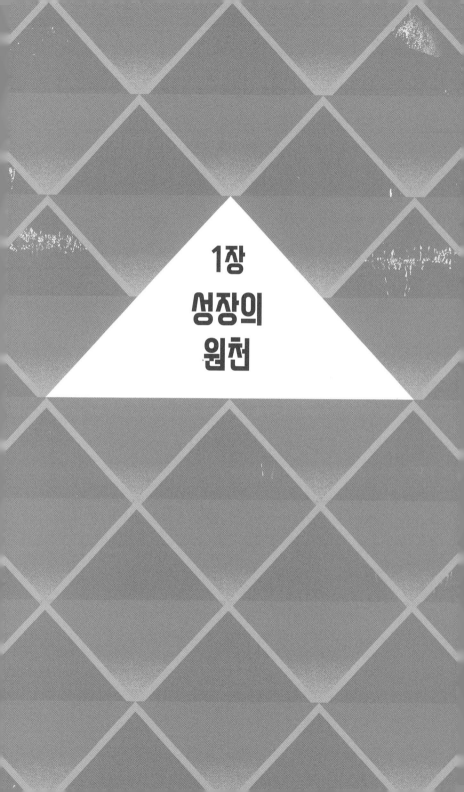

1장
성장의
원천

1. 인류

우리는 친족 유형과 생식 유형을 바꿀 수 있고,
때로는 내면의 폭력을 누그러뜨릴 수 있다.
그렇지만 조르주 바타유가 『저주의 몫』에서
확인한 문제는 다음과 같다.

우리는 스스로 창조해낸 규칙들을 신성불가침으로
여기는 경향 또한 있으며, 그 규칙을 제정한
사회를 바꾸기보다는 그대로 밀고 나가는 편을
선호한다는 것이다.

성장은 인간만의 고유한 성질인가? 상당히 뜬금없어 보이는 질
문이다. 성장은 겨우 200년 전에 태동한 새로운 개념이 아니던가.
태곳적부터 18세기 산업혁명 이전까지, 인류의 소득은 오늘날 최
빈자의 소득 수준, 즉 하루 1유로 수준으로 계속 정체돼 있었다.
'1인당 소득의 지속적 증가'라는 의미의 성장은 현대세계에 들어
서 나타난 아주 새로운 현상이다. 그렇지만 시간을 1000년 단위
로, 100년 단위로, 이제는 10년 단위로 헤아린다고 가정할 때, 성

장 현상은 한참 이전의 역사까지 거슬러 올라간다. 그리고 다양한 측면으로 볼 때, 이는 인류만의 고유한 경향으로 보인다.

두 차례의 빅뱅은 서로 맞물리면서, 종의 전체 역사상 아주 짧은 시간척도에 불과한 인류사의 흐름을 탈바꿈시켰다. 첫 번째 빅뱅은 농업의 발명으로, 여전히 현재진행형인 인구 폭발 현상을 야기했다. 세계 인구는 1만 년 전 500만 명이었다가 예수의 탄생 시점에는 2억 명으로 증가했고 2050년경 100억 명에 이른 뒤 안정화될 예정이다. 농업은 문자, 화폐, 야금술, 인쇄술, 나침반, 화약을 탄생시켰다.

두 번째 빅뱅은 17세기의 과학혁명이다. 인류의 지식에 새로운 힘을 부여했던 과학혁명 역시 지속적이며 거침없는 성장을 이끌어냈다. 수많은 사례 가운데 최근의 사례를 하나 꼽아보자. 경제학자 윌리엄 노드하우스가 실시한 독창적인 추산에 따르면, 획일적 계산의 시행 비용은 어느 요인 덕분에 지난 50년간 10억 단위 이상 줄어들었다.

우리는 세 번째 빅뱅을 눈앞에 두고 있다. 이 세 번째 빅뱅에서, 앞서 이미 경험한 두 가지 빅뱅이 서로 반향을 일으키며 시너지 효과를 내고 있다. 노벨화학상 수상자 파울 크뤼천은 '인류세 anthropocene'라는 표현으로 우리 시대의 특징을 규정했다. 자연이 지배하는 세상에서 인간이 지배하는 세상으로 이행했다는 것이다. 이 용어가 의미하는 바를 단 하나의 수치로 요약한다면 다음과 같다. 농경 시대에는 인간, 가축, 사육동물의 비율이 전체 포유류 중 0.1퍼센트 미만이었다면, 오늘날에는 90퍼센트 이상이다.

인간으로 포화된 닫힌 세계에서 살아야 한다는 유례없는 도전 과제에 직면한 인류는, 자신의 행위가 야기할 결과를 공동으로 고찰해야만 한다. 역사적 변화에 떠밀려온 인류는 이런 유의 노력을 지금까지 단 한 번도 해본 적이 없으며, 변화의 실질적 의미를 언제나 나중에야 깨닫곤 했다. 바람직한 미래로 나아가기 위해 다시 고삐를 붙잡으려면, 이러한 역사의 흐름을 이어나가되 여기서 우연성과 필연성의 몫을 포착해내야 한다. 그렇다면 오늘날 우리가 부여하는 의미로서의 '경제성장'은 왜, 어떻게 나타나게 되었을까? 대체 어떤 독특한 원인으로 경제성장이 중국이나 다른 곳에서보다 서구사회에서 먼저 출현했던 것일까? 이 사실을—이미 희미해져가는—철학적, 정치적, 윤리적 우월성의 상징으로 봐야 할까, 아니면 그저 우연의 일치로 봐야 할까? 이 같은 결정적인 질문들은, 물질적 부 자체보다 부의 무한 증식을 향한 오늘날의 중독 현상의 원인을 이해하기 위한 것이다. 그리고 이 질문들 덕분에 우리는 사회학자 노르베르트 엘리아스가 '문명화 과정'이라고 일컬었던 것을 파악하게 된다.

사피엔스

최초의 사람과 생물은 지금으로부터 600만~800만 년 전 사이에 나타났다. 그리고 그 무엇도 이 사람과 생물이 언젠가 지구의 주인이 될 것임을 예고해주지 않았다. 개미와 흰개미는 몇억 년에 걸쳐 지하세계를 점령했기 때문에 다른 종들이 여기에 적응할 시간은 충분했다. 인간은 그보다 훨씬 더 빨리 지구를 평정했는데, 이 지구를 아주 기이한 방식으로 파괴하는 데 열을 올리는 듯 보였다.

가장 오래된 화석인류의 기원은 700만 년 전으로 거슬러 올라간다. 그것이 바로 '투마이'라는 별칭을 지닌 사헬란트로푸스 차덴시스Sahelanthropus tchadensis로, 뇌 용적이 오늘날 침팬지와 유사한 사람종이다. 다음으로는 (이브 코펜스가 1974년에 발견하여 비틀즈의 곡에 대한 오마주로 지은) '루시'라는 별칭의 오스트랄로피테쿠스 아파렌시스Australopithecus Afarensis가 발견되었다. 이후 하나의 하위군이 구분되었는데, 그것이 바로 250만 년 전에 나타나 70만 년 후에 사라진 호모 하빌리스Homo habilis였다. 기후가 더 건조해지면서 하빌리스들이 살았던 숲(하빌리스의 기다란 팔을 보면 이들이 숲속에서 살았음을 짐작할 수 있다)이 대초원으로 바뀌었던 것이다. 그다음에는 호모 에렉투스Homo erectus가 (사촌 격인 호모 에르가스터Homo ergaster와 함께) 등장하면서 어마어마한 뇌 용적 변화의 시작을 알렸다.[1] 추상적 사고, 통사적 언어, 장기 기억 외에도 가설적 예측을 구축하고 집단으로 협력하며 적의 의도를 예상하는 능력이야말로 뇌가 인간에게 제공한 놀라운 수단이었다.[2]

진화인류학 전문가 마이클 토마셀로에 따르면, 인간의 우월성은 공통 목표에 도달하기 위해 타인과 협력하는 능력에 달려 있다. "우리는 타인의 생각을 간파해내는 데 전문가가 되었고, 새로운 문화를 창조하는 데 세계 챔피언이 되었다."[3] 수렵채집민들은 월가의 트레이더들처럼 언제든 가십을 즐겼다. 피상적으로 보자면, 종의 번식을 목표로 고도의 분업을 해낼 수 있는 곤충의 사회성과 인간의 사회성을 비교할 수도 있다. 하지만 꿀벌의 경우, 협력의 원인이 진정으로 '협력적'이지는 않다. 오로지 여왕벌만이 자신의 유전 형질의 재생산을 지시하기 때문이다. 여왕벌은 멀리 여행해 날아간 뒤 출생 군집과의 관계를 끊고 자신만의 군집을 구성한다. 인간은 이보다 훨씬 더 교묘하고 유연한 동력을 이용한다. 이타주의, 지배력, 상호성, 배신과 거짓이 한데 섞여 형성된 특징을 이용해 인류는 사회생활이라는 거대한 무대에서 자신의 운명을 펼쳐 보이는 셈이다.

인간은 아주 짧은 시간척도상에서 혁신을 이뤘다. 동물에게서 나온 사고의 대부분은 그 동물 자신과 함께 죽어버리기 마련이다. 암컷 침팬지는 자녀에게 호두 까는 법과 꽃잎을 따서 흰개미를 잡는 법을 알려주지만, 여타 동물의 언어보다 훨씬 더 발달한 인간의 언어는 집단적 배움을 가능하게 해준다. 인간은 침팬지와 98.4퍼센트의 DNA를 공유하는 만큼, 개개인으로서는 이 영장류 사촌보다 그렇게 더 뛰어날 것이 없다. 하지만 하나의 종으로서는 훨씬 더 뛰어나다. 인간의 두뇌와 침팬지의 두뇌를 비교할 것이 아니라, 모든 인간 지성의 총합과 모든 침팬지 지성의 총합을 서로 비교해야 하는 것이다.

인류는 전 역사에 걸쳐서 지식을 축적하고 전파 기술을 만들어냈으며, 이 기술들은 인간의 기술적·사회적 경쟁력을 확대시켰다. 문자 및 화폐와 더불어 훗날 등장하는 인쇄술, 전화, 인터넷 덕분에 인류는 다른 어느 동물 종에도 비할 수 없는 집단지능을 이룰 수 있었다.

뇌는 컴퓨터처럼 아주 지능적이면서, 사랑에 빠진 청년처럼 감정적이기도 한 이중적 성향을 결합한다. 이기적인 동시에 이타적이고, 합리적인 동시에 감정적인 존재. 우리 인간이라는 종은 어떻게 이토록 대조적인 특징들을 양립시켰을까? 생물학자 에드워드 윌슨이 『지구의 정복자The Social Conquest of Earth』[4]에 소개해놓은 내용에 따르면, (큰) 키와 (줄어든) 이동성이라는 두 가지 생물학적 특성이 그 원인일 수 있다. 물론 인간은 공룡보다는 작지만, 곤충보다는 (훨씬) 더 크다. 곤충은 물질이나 불을 다루기에는 너무 작지만, 아주 빠른 속도로 멀리까지 이동함으로써 다른 군집과의 접촉을 피해간다. 이동성이 낮은 인간은 자신의 동족과 (평화 혹은 갈등관계를 유지하며) 함께 지내야 한다. 영양, 얼룩말, 타조 등의 먹잇감만큼 빨리 달리지 못하는 대신, 먼 거리에서 추격하고 발사체를 사용하는 법을 배운다. 처음에는 돌을, 나중에는 창이나 화살을 던지는 식이었으며 불을 사냥하는 데, 나중에는 고기를 굽는 데 사용했다.

문화의 발명

특정 집단과 부족에 속해 경쟁 집단에 맞서 자신의 공동체를 보호하는 행위는 인간이 지닌 본성의 근간이다. 이기적 유전자 이론은 수많은 생물 종에게서도 나타나는 이타주의와 개인주의 이처럼 놀라운 공존 현상에 관한 굉장히 매력적인 설명으로 보였다. 암컷 사마귀에게 잡아먹힘으로써 종의 번식을 보장하는 수컷 사마귀의 예야말로 그 전형적인 사례라 할 수 있다. 반면 인간 부족사회의 원동력은 유전자의 기계적 번식보다 훨씬 복합적이다. (대학생을 대상으로 한) 일련의 심리학 실험들은 인간이 얼마나 빨리 자의적으로 무리를 형성할 수 있는지를 보여주었다. 서로 초면이며 유전 형질도 전혀 다른 개인들에게 파란색 카드와 빨간색 카드를 제공하자, 이들은 카드 색깔에 따라 금세 결속을 다져 두 개의 하위 집단을 이루었다. 집단 간의 경계는 완전히 가변적이다. 가족관계, 연인관계, 직장 내 인간관계가 혼란스러운 세계에서 각 개인에게 자리를 부여하는 셈이다.

레비스트로스는 『친족의 기본 구조Les Structures élémentaires de la parenté』에서 인간은 스스로를 예속하는 유일한 생물 종이라고 설명했다. 그는 근친상간이 금지된 순간이야말로 문화가 자연보다 우위에 선 첫 시점이라고 봤다. 자신의 딸과 상대방의 딸을 맞바꿈으로써 부족의 평화를 지키는 것이다. 그 어떤 생물학적 이유도 없이 각종 금기와 분류를 만들어내는 능력은 인간의 반복되는 특징 중 하나다. 여성은 외삼촌의 아들과는 결혼할 수 있지만(때로는 결혼해야만 하지만) 친삼촌의 아들과는 결혼할 수 없다. 사실 유전적 관점으로 보자면 이 둘 사이에 아무런 차이가 없는데도 말이다. 이것이 바로 문화의 근간이다. 유전적 관점으로 볼 때 완전히 자의적인 규칙을 제정하는 것. 그리고 이 규칙이 사회생활의 양태樣態를 결정하는 셈이다.

그렇지만 문화는 인간의 전유물이 아니다. 침팬지의 경우, 암컷은 인접 공동체에 합류하는 반면 군집을 이루는 수컷은 자신이 태어난 공동체 내에서 자기 자리를 확보해야 한다. 늑대와 아프리카들개는 상당히 발달된 조직체를 이루는데, 사냥을 담당하는 개들이 우두머리 암캐와 갓 태어난 새끼에게 먹이를 가져다준다. 침팬지와 보노보는 무리를 이루어 사냥한다. 보노보는 성욕이 넘치는 동물인데, 번식하기 위해서가 아니라 굉장히 감정적 유형의 스트레스를 진정시키기 위해 교미를 한다. 공감능력은 히말라야원숭이에게서도 나타난다. 그리고 동족에 대한 젊은 침팬지의 '집단폭력'은 인간의 그것과 놀라울 정도로 유사하다.

어떤 생물 종이든 간에 포식자에 맞서 생존하기 위해서는 집단의 협력이 필수다. 반대로, 어느 집단 내의 경쟁(암컷을 얻기 위한 수컷의)은 개인적이고 이기적인, 반대되는 자질을 장려한다. 자연이 해놓은 일이 늘 완벽한 것은 아닌 만큼, 이 두 가지 특성이 언제나 일관적이지는 않다. 영양은 다른 동물들보다 훨씬 빨리 달려야만 포식자를 피할 수 있는데, 결국 이런 특성은 자신의 종

전체에도 장점이 된다. 반대로, 다윈은 공작새의 알록달록한 근사한 꼬리가 암컷을 유혹하는 수단이지만, 포식자에게서 달아나는 데 장애물로 작용한다는 사실을 분석했다. 사슴은 뿔로 경쟁자를 물리치지만, 그 대가로 이동성의 감소라는 핸디캡을 지니게 되었다. 각 개체로 보자면 수컷이 암컷을 유혹하려는 것은 당연한 일이나, 유혹의 수단이 종 전체에는 때때로 불리하게 작용하기도 한다.[5]

인간이란 무엇인가?

이제 질문으로 되돌아가보자. 인간과 다른 생물 종은 어떤 점으로 구분되는가? 프로이트는 이 질문을 다음과 같이 던졌다. "어째서 동물은 문화를 위해 그러한 전투의 광경을 제공하지 않는가?"[6] 여기서 '그러한 전투'라는 표현은 불만, 불안감, 존재의 고뇌를 의미한다. 예컨대 피에르 르장드르는 동물 가운데서 인간만이 유일하게 "자신의 존재에 관해, 자신의 고유한 실존에 관해 질문하는"[7] 존재라고 적었다. 소포클레스는 『콜로노스의 오이디푸스』에서 자신이 태어나지 않았더라면 좋았을 터라고 적었다. 모든 문화는 인간의 대표적인 질문을 통해 움직여왔다. 그 대표적인 질문이란 '내가 누구이며, 왜, 어떠한 존재로서 사는가?'라는 것이다.

가장 단순하게 얘기하자면, 인간은 자신의 말을 들어주고 그에 화답해줄 대화자를 찾는 '말하는 동물'이며 이 대화자에게서 인정받기를 갈구하는 동물이다. 피에르 르장드르가 지적했듯, 이 인간이라는 종의 '혁명적' 현상은 정당성이 강요했던 바다. 인간은 사정상 그렇게 몰린다 하더라도 그리 간단히 배신 행위를 할 수가 없다. 명예, 가치, 의무와 그 반대되는 이기주의, 비겁, 위선 사이에는 언제나 긴장감이 자리 잡는다. 인간의 역사를 늘 가로지르는 이러한 충돌을 표현하고 해결하도록 돕는 것이 바로 예술을 비롯한 문화다.

"우리는 여타 동물 종처럼 그저 사회를 이루어 살아가는 것이 아니라, 사회적 실존의 새로운 형태를 창조하는, 그리하여 계속 살아가기 위해 문화를 창조하는 유일한 생물 종이다. 사회를 재현reproduire하는 것이 아니라 창조produire하는 것, 이것이야말로 인간의 전유물이다." 이는 모리스 고들리에가 레비스트로스에게 헌정한 『레비스트로스』[8]라는 책의 결론에서 저자가 제안했던 해답이다. 동물의 사회 작용은 불변하거나 거의 변화하지 않는다. 어린 원숭이들에게는 축구 경기도, 폭력 영상물도, 인터넷 상의 포르노 영상도 없다. 우리 인간은 문명의 흐름에 따라 규칙의 수정을 감행한다. 우리는 친족 유형과 생식 유형을 바꿀 수 있고, (때로는) 내면의 폭력을 누그러뜨릴 수 있다. 그렇지만 조르주 바타유가 확인한 문제[9]는 다음과 같다. 우리는 스스로 창조해낸 규칙들을 신성불가침으로 여기는 경향 또한 있으며, 그 규

칙을 제정한 사회를 바꾸기보다는 그대로 밀고 나가는 편을 선
호한다는 것이다.

2. 대이동

기원전 3100년경 나일강 유역은 정치적 변화를
경험했는데, 이는 이 시기를 겪은
이집트 왕국을 강대하게 이끌며 100만의 백성을
결집시키는 계기가 되었다. 기원전 2550년경에
세워진 기자 대피라미드는 1311년 영국의 링컨
대성당이 세워지기 전까지 전 세계에서
가장 높은 건축물이었다. 농경세계에 늦게 들어선
이 두 제국은 '후발성 이익' 주자로서
다른 사람이 해놓은 것을 모방하는 데 온 힘을 쏟으며
비옥한 초승달 지대를 오래도록 통치했다.

지금으로부터 약 10만 년 전, 극대 가뭄기가 열대 아프리카 지방
을 덮쳤다.[10] 그리하여 이제 막 태어난 인류는 하마터면 멸종의
위기에 처할 뻔했다. 그 수는 수천(혹은 수만) 명으로 줄어들었다.
이후 가뭄기가 멈췄다. 열대우림과 사바나는 점차 본래의 울창한
모습을 되찾았다. 최상의 기후 환경 덕에 인구가 증가했고 인류
는 나일강과 시나이반도까지 진출했다. 나일강 유역을, 그리고 이
후 근동 지방을 통과한 호모 사피엔스는 기원전 40000년경에 유

럽에 들어섰다. 그리고 20만 년 전부터 자매종姉妹種 네안데르탈인이 이미 살고 있던 그 땅을 차지하기에 이르렀다.[11]

사피엔스가 도착한 지 얼마 되지 않아 네안데르탈인은 멸종했는데, 이는 아마도 새로운 방문자가 예전 거주자의 생태계에 남긴 흔적 때문으로 보인다.[12] 네안데르탈인의 DNA를 분석한 바에 따르면, 이들은 말할 줄 알았고 '대사냥'을 실시했다. 부상자를 돌봤으며 고인을 매장했다. 사피엔스와 네안데르탈인 간의 차이점에 관한 가설 중에는, 네안데르탈인 역시 (언어능력을 담당하는) FOXP2 유전자를 보유했으나 후두의 위치가 좋지 않아[13] 사피엔스 종에 비해 언어능력이 다소 떨어졌다는 주장이 있다.

농업의 탄생

이후 거대한 충격이 찾아왔다. 1만 년 전 (서로 다른 여덟 개 지역에서 연달아) 농업이 탄생하여 인간과 자연의 관계를 급변시켰던 것이다. 기후 변화는 또다시 제 역할을 다했다. 기후 온난화(기원전 9600년경)가 이 기후 변화의 원인이었을 수도 있다. 그로부터 300년 후 요르단강 유역에서 밀과 보리가 재배되었고, 야생 곡물보다 알이 훨씬 큰 품종이 소비되었다. 그로부터 채 '1000년도 지나지 않아' 농업은 하나의 학문이 되었다. 렌즈콩과 병아리콩 요리가 등장했다. 옷을 재봉하는 법을 익혔다. 동물 역시 훨씬 더 효과적으로 이용되었다. 이제는 잡은 즉시 죽여서 고기를 취하는 것이 아니라, 가축으로 길러내 그 젖과 털을 취하거나 수레를 끌게 했다.

농업의 발명은 오늘날에도 현재진행형인 인구 급증의 서막을 알렸다. 그리고 너무도 단시간 내에 이뤄진 인간의 진화에 다른 생물 종들이 적응 수단을 갖추지 못한 상태에서, 생물 다양성을 파괴하는 결과를 낳았다. 기원전 10000~기원전 7000년 사이에 석재의 사용이 숙련된 덕분에 농민들은 도기 제조술과 최초의 재봉틀, 건축술을 발명했다.[14] 우리는 역사의 '짧은' 시기로 들어섰고, 생물학적 인간을 변모시켰던 '심원한 시간Deep time(수십억 년에 이르는 유구한 시간을 가리키는 지질학적 시간대—옮긴이)'은 거의 아무런 역할도 하지 못하게 되었다. 유제품의 소화를 가능하게 해주는 유전자인 락타아제 같은 사례를 비롯해 유전적 변화가 드물게 일어나긴 했지만 그리 중요하지는 않았다. 재레드 다이아몬드는 자신의 아보리진 출신 친구를 언급했는데, 이 친구는 이제 막 석기시대를 벗어난 마을에서 태어났지만 문자사회, 이후 디지털 사회에 쉽사리 편입했다고 한다. 다이아몬드는 "즉 읽는 법과 비행기 조종법을 습득하는 데 유전적 변화는 필요하지 않다는 것이며, 이는 반가운 소식"[15]이라는 결론을 내렸다.

농업의 보급과 관련해서는 가능성 있는 이론이 여럿 존재한다. 첫 번째 이론은 농업이 훨씬 효과적이기 때문에 수렵채집민이 농업을 자발적으로 받아들였다는 것이다. 첨단기술이 저기술을 몰아낸 셈이다. 또 다른 해석은 훨씬 더 폭력적이다. 사피엔스가 네안데르탈인을 몰아냈던 것처럼, 식량이 더 풍족한 만큼 수가 훨씬 더 많았던 농민의 인구 압력이 그보다 적은 인구의 집단을 몰아냈다는 것이다. 이런 식으로 (현재 뉴질랜드에 위치한 어느 지방에서) 마오리족 농민은 이웃인 모리오리족 수렵채집민을 절멸시켰다. 멸종은 간접적으로 이루어질 수도 있다. 목축민은 수렵채집민의 생존을 보장했던 생태계를 파괴시킨다. 야생동물은 달아나고, 야생식물은 쉽게 얻을 수 없게 되는 것이다. 요컨대 서양에서는 다음과 같은 학문적 합의가 이루어진 듯하다. 네 명의 유럽 목축민 중 한 명은 다른 대륙 출신이며, 나머지 세 유럽 대륙 출신이 기존의 생활양식을 바꾸었다고 말이다. 그렇지만 이 다른 대륙 출신의 한 명이 바로 나머지 민족들을 무릎 꿇렸던 '비옥한 초승달 지대(지중해 동안의 팔레스타인에서 북부 메소포타미아, 동은 이란 고원에 이르는 서아시아의 고대 문명 발생지―옮긴이)'에서 온 전쟁 지도자였을 수도 있다. 어쨌든, 무력이든 설득이든 간에 일종의 기술적 다윈주의가 작용했다. 최강자의 기술이 휩쓸며 모든 것을 정복한 셈이다.

권력의 발명

수렵채집민과 최초의 농촌은 평등사회를 지향했다. 지도자는 본인의 지위를 세습하지 않았다. 중요한 결정은 축제나 종교 행사를 하는 자리에서 다함께 논의했다. 인류학자 피에르 클라스트르는 그의 훌륭한 저서 『국가에 대항하는 사회』[16]에서 아마존의 구아야키 인디언들이 지도자의 권력을 속박하는 방식을 언급했다. 구아야키 인디언들은 부족 지도자에게 나서서 발언할 권한, 제일 먼저 죽을 권한은 주지만, 결정권만큼은 절대 주지 않는다.

농사로 인해 '대변혁'이 시행되었다. 사회가 위계화되고 족장 관할 구역이 등장하면서 지도자에게 세습 권력이 생겨났다. 지도자는 나머지 인구가 제공한 잉여 생산물로 살아갔다. 사회는 병사, 서기, 사제, 농민과 같은 특수화된 집단을 중심으로 조직되었다. 미국의 사회학자 허버트 사이먼은 위계적 사회가 동일한 지배 구조를 같은 방식으로 수차례 되풀이하는 한, 상당한 수준의 복합성을 만들어낼 수 있다고 설명했다.[17] 여섯 개의 위계적 계층 구조는 한 명의 왕이 무수한 사람을 다스리도록 해준다. 한 명의 왕은 열 명의 제후를 다스리며, 이 제후들은 열 명의 남작을, 이 남작들은 열 명의 기사를, 이 기사들은 열 명의 반타작 소작인을, 이 반타작 소작인은 열 명의 농민을, 이 농민들은 자녀 열 명을 다스렸던 식이었다. 요컨대 이러한 모형에 따라 고위층과 중간층의 10만 명이 하위층의 농민과 노예 100만 명을 지배했던 것이다.

위계질서는 성별 간에서도 발달했다. 수렵과 채집 간에 이뤄진 최초의 업무 분할은 농경사회로 넘어오면서 한층 더 강화되었다. 농사지을 땅이 충분한 시절에는 남녀가 평등한 방식으로 토지를 경작했다. 인구 압력이 증가하자, 농사일의 강도는 이에 따라 증가했다. 물론 여성 중 꽤 많은 수가 평균 남성만큼 신체적으로 강건했으며 실제로 이들의 업무는 훨씬 더 고됐다. 스탠퍼드대 교수이자 고고학자인 이언 모리스는 농업이 도래하기 이전 아부 후레이라 지역의 메소포타미아 촌락 주민 162명의 유골에 관해 서술했다. 남녀 모두가 등 위쪽의 척추뼈가 부러져 있었는데, 이것은 이들 모두가 무거운 짐을 날랐다는 의미였다. 그렇지만 오로지 여성만이 발의 관절염을 앓았는데, 여성만이 곡식을 빻고 바느질을 했기 때문이다. 그런데 농업이 등장하면서 유례없는 상像이 자리잡았다. 남자는 바깥일을 하고 여자는 집안일을 하게 된 것이다. 수렵채집 사회에서는 여성의 지위와 관련하여 나름대로 다양한 상황이 나타났지만, 농경사회에서는 어디서나 여성의 지위가 하락해 번식의 주체로 그 역할이 한정되었다.

제국의 탄생

서양이란 무엇인가? 서양Occident이라는 단어는 비옥한 초승달 지대에서 야기된 지리적 공간을 가리킨다. 기원전 9000년에 시작된 농업혁명은 기원전 8000년에 터키에, 기원전 7000년에 그리스에, 기원전 6000년에 이탈리아에, 기원전 5000년에 중앙유럽에, 기원전 4000년에 프랑스에 도달했다. 각국의 경계를 넘는 데 1000년의 시간이 걸린 셈이다. 비옥한 초승달 지대 안의 티그리스강과 유프라테스강 사이의 메소포타미아 지방은 독특한 운명을 경험했다. 오늘날 이라크에 해당되는 이 지역은 고온다습한 기후를 자랑했다. 인도양에서 온 열대계절풍이 비를 몰고 오긴 했지만 소량에 불과했다. 강우량에 의존하는 농업에서 하천수를 이용하는 관개농업으로 넘어가는 데는 20번 이상의 세대교체가 요구됐다. 기원전 3800년경, 어느 (새로운) 기온 저하로 인해 열대계절풍이 감소했다. 메소포타미아 지방은 몰락의 위기에 맞닥뜨렸다. 이에 메소포타미아 사회는 열대계절풍이 부는 시기까지 물을 저장할 수 있는 개량된 관개 시설을 이용해 사회경제적 구성을 재정비하는 식으로 맞섰다.

고고학자 고든 차일드는 기원전 4000년의 메소포타미아 사회가 겪었던 변혁의 특징을 '도시혁명'이라는 용어로 설명했다. 당대의 아테네나 다름없었던 우루크는 메소포타미아의 주요 대도시였다. 여느 평범한 도시가 아니라 세금을 거둘 수 있으며 자국의 권한을 수호하는 데 필요한 군대를 징집할 수 있는 하나의 국가도시였다. 문자가 최초로 등장하는 점토판이 바로 이 시기에 나타났다. 이언 모리스는 우루크가 시리아와 나일강 유역, 그리고 이란고원까지 아우르는 교역망의 중심지가 되었다는 사실을 보여주었다. 우루크는 조밀한 하천망으로 연결된 촌락들의 후배지를 장악했고, 이 하천망은 곡식과 인력을 도시로 실어 나르는 역할을 했다. 세간에서는 '우루크 세계체제World System'를 논할 정도였다.

그와 유사한 역사가 이집트에서도 발견된다. 기원전 3800년 대의 열대계절풍 감소는 비슷한 시련을 야기했다. 기원전 3100년 경에 나일강 유역은 주요한 정치적 변화를 경험했는데, 이 변화는 이 시기를 겪은 이집트 왕국을 훨씬 더 강대하게 이끌었고 100만 명의 백성을 결집시키는 계기가 되었다. 기원전 2550년경에 세워진 139미터의 기자 대피라미드는 1311년 영국의 링컨 대성당이 160미터 높이로 세워지기 전까지 전 세계에서 가장 높은 건축물이었다. 농경세계에 늦게 들어선 이 두 제국은 러시아 출신의 역사학자 알렉산더 거센크론이 주장해 경제학자들에게 '후발성 이익advantage of backwardness'으로 알려진 법칙 덕분에 비옥한 초승달 지대를 오래도록 통치했다. '경제적 후발주자'가 되는 것은 수많은 가능성 사이에서 길을 잃지 않은 채 이미 다른 사람이 해놓은 것을 모방하는 데 온 힘을 쏟기만 하면 된다는 장점이 있다.[18]

한편 아시아에서는 북부의 황허강 유역, 남부의 양쯔강 유역에서 벼농사가 기원전 8000~기원전 7500년 사이에, 조, 기장 등의 경작이 기원전 6550년에 시작되었다. 이윽고 농업이 인근 유역 전체로 보급되었으며, 이후 웨이허강과 진秦 지방까지 퍼져나갔다. 기원전 3800년에는 한랭건조한 기후 덕분에 습윤한 양쯔강과 황허강 유역의 경작이 훨씬 용이해졌다. 이처럼 급격한 기후 변화는 이집트와 메소포타미아에서 관찰되었던 정치적 단절을 야기하지는 않았지만, 유사한 성질의 새로운 활력을 창출했다.

오로지 강우에만 의존하던 단계에서 더 정비된, 관개수로를 갖춘 '수력 제국'을 탄생시켰던 것이다.

동양과 서양

유라시아 대륙의 양극단은 같은 단계를 거치며 제각기 발전해나갔다. 문자, 종교, 공여供與, 도기, 지도자들의 무덤 유적, (인구 대다수의 경우) 강도가 점차 높아지는 노동, 식료품 저장, 요새화, 개를 비롯한 동물의 가축화 등이 실현되었다.

1500년 간격으로 동양은 서양과 동일한 주요 단계를 거쳤다. 그렇지만 몇 가지 예외도 있다. 도기는 서양보다 동양에서 7000년 더 앞서서 나타났다(어쩌면 이 도기의 등장이야말로 농업의 발견보다 더 오래된 정착생활의 증거인지도 모른다). 반면 신에게 바쳐진 제단은 서양에서 거의 6000년 더 앞서 나타났다.[19] 그러나 차이점보다는 공통점이 훨씬 더 많다. 영국의 인류학자 잭 구디[20]에 따르면, 이처럼 나란한 발전은 놀랄 만한 일이 아니었다. 유라시아 대륙의 양극단에서 생겨난 문명들은 기원전 약 3000년의 청동기 시대에 위치한 공통의 근원에서 농업 외에도 모든 것을 물려받았다.[21] 그러니 청동기가 서양에서 동양으로 도입되었을 수도 있다. 그렇게 되면 어째서 중국 초기 왕조들의 중심이 내륙에 위치했는지도 설명이 된다.

이처럼 유라시아 대륙에서 문화 전파가 빨랐던 것은 다음과 같은 근본적인 경향 덕분이다. 재레드 다이아몬드가 강조하듯, 남북축상에 위치한 아메리카 및 아프리카와 달리 유라시아는 동서축이 우세한 지역이다. 동서축은 같은 위도상에 있는 만큼, 각 지역이 당연히 동일한 계절 변화를 겪는다. 그러니 유라시아에서 농업 관련 발명품의 전파 속도가 훨씬 빨랐던 것이다. 남부 이탈리아, 이란, 일본은 각각 6400킬로미터씩 떨어져 있으나 이 나라들의 농업은 공통된 기후 특성을 지녔다. 그리스도 시대에는, 비옥한 초승달 지대를 원산지로 하는 곡물들이 아일랜드에서 일본에 이르기까지 1만6000킬로미터에 걸쳐 자라났다. 그리하여 공통적이되 다양성을 지닌, 유라시아 문명이라 부를 수 있는 문명이 탄생했던 것이다. 반대로, 안데스산맥의 라마가 북아메리카에 닿을 일은 절대 없었으며, 말을 달려가지고서는 사하라 사막이라는 장애물을 넘어 남아프리카의 온대기후를 접할 일이 없었을 터다. 남북축상에 위치한 대륙들 간의 지식 전파는 훨씬 더 어려웠다.

복잡성의 측정

이언 모리스는 '사회개발지수'라는 것을 계산하여 몇 세기에 걸친 동양과 서양의 변화를 분석했다. 사회개발지수는 오늘날 한 국가의 부에 대하여 GDP가 의미하는 바를 대신할 수 있는 다양한 데이터를 집합시킨 총체였다. 이 지수에 채택된 첫 번째 변수는 하나의 사회에서 획득 가능한 에너지 총량이다. 두 번째 변수는 한 사회의 전쟁 동원력이다. 세 번째 변수는 도시화 비율이다. 모리스는 각 변수에 대하여, 해당 공간에서 역사상으로 기록된 최고 기록에 천진법千進法을 적용했다.[22]

신석기부터 기원전 5000년 사이 이언 모리스의 지수는 서양에서 두 배로 급증했고, 동양은 그 이후 1500년 동안 동일한 변화를 겪었다. 두 문명권은 같은 수준의 복잡성 임계점complexity threshold에 각각 부딪혔고, 둘 다 임계점(42/1000)을 넘지 못했다. 중국은 1150년 송나라의 전성기에 임계점에 도달했으나, 그로부터 1000년 전의 로마 문명과 마찬가지로 이후 쇠퇴 일로를 걸었다. 19세기의 산업혁명이 도래하고 나서야 유럽은 이 지수를 박살내며 뛰어넘었다.

유라시아 대륙 양극단 간의 평행 이론을 따른다면, 인류는 결국 강수와 기후, 동물상과 식물상에 의해 계획되는, 어찌할 바 모르는 수동적 로봇에 불과하다고 결론지어야 할까? 이런 질문에 재레드 다이아몬드는 "이러한 우려는 당치 않은 얘기다. 인류의 창의력이 아니었더라면 우리 모두는 아직도 여전히 날고기를 석기로 잘라 먹는 신세였을 터"라고 대답했다. 또한 그는 대부분의 핵심적인 발견들은 단 한 번씩만 이루어졌다고도 지적했다. 바로 "수차水車, 회전숫돌, 톱니바퀴 장치, 자석 나침반, 풍차, 암실 등"

이다. 가장 대단한 발명품은 바로 알파벳인데, 이 알파벳은 단연코 인류 역사상 단 한 번밖에는 등장하지 않은 듯 보인다. 알파벳이 발명된 것은 오늘날 시리아와 시나이 지방 사이에서 기원전 2세기에 살았던 셈어족 구사자들 덕분이었다. 과거에 존재했거나 여전히 현존하는 수백 개의 알파벳은 모두 이 고대의 셈어족 알파벳에서 파생되었다. 알파벳은 농경사회에 '필수 요소'는 아니었다. 인간이 지닌 모든 예측 불능의 요소 중 오로지 타고난 재능만이, 그리고 타지에서 온 아이디어에 대한 인간의 뛰어난 개량능력만이 이 알파벳을 탄생시킨 근원이었다.

3.

2026년 11월 13일

각국의 사회는 자신들을 이끄는
법칙을 절대 이해하지 못한 채
"사방에서 온갖 가능성의 극한으로"
달려가는 수밖에 없다.
자신들이 이뤄놓은 잉여분, 저주의 몫을
낭비하는 수밖에 없는 것이다.

루소는 문명세계에서 발생한 불행을 농업과 제철의 탓으로 돌렸다. 또한 인류학자 마셜 살린즈는 같은 주제를 받아서 (훨씬 더 나중에) 다음과 같은 질문을 제기했다. "농업이 수렵과 채집을 대신했다는 사실에 대한 보상이 노동과 불평등, 전쟁이 되어버린 이유는 무엇인가?"[23] 사실상 농경문명의 핵심적인 모순은 바로 이 점이다. 인류를 더 풍요롭게 하기 위해 생겨난 농업은 (도처에서) 기근이 세력을 떨치는 사회로 치달았던 것이다. 대체 무슨 저주가 내렸기에 인류는 이로운 것을 해로운 것으로 탈바꿈시켰던 걸까?

18세기 말에 맬서스는 인류 역사를 '식량이 풍부할 때 인간은 그 수를 불린다'는 극도로 단순한 메커니즘으로 요약했다. 농업과 그로 인한 진보가 인구 폭발을 야기함에 따라, 식량 증가에 따른 애초의 이득이 무효화되었던 것이다. 맬서스에 따르면 인류는 농업의 제약을 뛰어넘는 동안 그 수가 기하급수적으로 증가하며, 이후 농업적 한계에 도달해 붕괴했던 것이다. 예컨대 인구가 100년마다 두 배로 증가한다면, 1000년 만에는 1000배로 증가한다. 그렇지만 경작 가능한 토지의 개간 속도는 그보다 훨씬 더 느리기 때문에, 인류는 돌이킬 수 없을 정도의 농업적 결핍과 맞닥뜨린다. 기근과 환경재해는 인구 팽창과정의 불가피한 종말인 셈이다.

오늘날 경제사는 경기 확장과 위기가 불길하게도 끝없이 교체되는 형국으로 나타난다. 풍부한 자원이 인구를 해방시켜줄 때에는 경기 확장이, 인구 팽창의 동력이 자원의 품귀 현상과 맞물릴 때에는 위기가 나타난다. 그러나 모든 경향은 그 자체의 반反경향을 발생시킨다. 비록 인간은 너무 많아졌지만, 그 인구수조차 가능성의 한계를 넓히는 새로운 생각들을 도출시켰다. 덴마크의 경제학자 이스터 보스럽은 1965년 『농업 성장의 조건The Conditions of Agricultural Growth』[24]이라는 중요한 저서를 펴냈다. 이 책에서 보스럽은 인구 압력이 창의성을 자극해 과잉 인구로 제기된 문제들을 해결하는 경향을 나타낸다는 사실을 증명해 보였다. 인구가 많을수록 더 많은 아이디어, 더 많은 자원이 창출된다. 농업 특유의 '수익 감소' 법칙을 피해가는 역학이 자리 잡은 것이다.

하버드대 교수 마이클 크리머는 「인구 증가와 기술적 변화」[25]라는 핵심적 논문에서 맬서스와 보스럽의 이론들이 모순되기는커녕 역사 속에서 서로 맞물린다는 점을 증명했다. 인류는 식량 동원능력의 한계에 이르지만(맬서스), 개인의 수가 증가함에 따라 촉발된 창의성 덕분에 이 한계를 점차 넓혀간다(보스럽). 결국 지구는 더욱 증가하는 굶주린 인간들로 가득 차게 된다. 크리머의 계산에 따르면, 인구는 맬서스가 생각했던 것처럼 기하급수적으로 증가하는 것이 아니라 그보다 훨씬 더 빨리 증가한다는 결론이 나온다. 핵반응에서처럼, [인구라기보다는] 인구성장률 자체가 상승하는 중이다.

문제는 한정된 시간이 지나고 나면 이 과정이 완전히 폭발할 예정으로 보인다는 점이다. 예컨대 어느 연구에서는 지난 1만 년 동안 관찰되었던 인구성장을 확대 적용해봤다.[26] 그 결과, 지구의 인구가 무한히 증가하여 2026년 11월 13일에 폭발할 예정이라는 결론이 나왔다. 크리머가 (고유한 변수들을 독립적으로 추산하여) 계산해낸 계수들을 이용하면, 인구 폭발이 21세기 중반에 예정된다는, 앞서와 크게 다르지 않은 추산에 이르게 된다.

우리는 그 같은 상황을 피해갈 것이다. 하지만 이는 지금으로서는 그 누구도 예상하거나 이해하지 못했던 인구 변화의 기적과 관련된 이유들 덕분이다. 제일 먼저는 산업화 국가들에서, 그다음으로는 전 세계에서 인류의 출생률은 급격하게 떨어졌다. 이처럼 예상치 못한 현상, 그리고 오늘날에도 그 원인이 여전히 논쟁 대상인 이 현상이 인류를 예정된 종말로부터 구했던 것이다.

저주받은 길

인류는 최상의 영양 섭취로 제공된 에너지 보충분의 출구를 인구 재생산에서 찾았던 것일까? 이언 모리스는 그 점을 암시했다. 에로티즘과 관련된 평론으로 더 잘 알려진 조르주 바타유 또한 『저주의 몫』에서 이 점을 새로운 시각에서 다시 거론하며 시사했다.

바타유는 인간 문명의 기원이 단순한 에너지법칙을 기반으로 한다고 봤다. "인간이 지닌 부富의 원천과 본질은 대가 없이 에너지(부)를 공급하는 태양방사에 의해 주어진다." 식물보다는 초식동물이, 초식동물보다는 육식동물이 더 사치스러운 것처럼, 모든 생물 가운데서 인간은 자연이 공급하는 에너지 잉여분을 제일 사치스럽게 소비하는 데 가장 최적화된 존재다. 예컨대 바타유는 "지구 위 생명의 역사는 주로 무분별한 과잉이 야기한 결과다. 그리하여 사치의 발달, 점점 더 많은 비용이 드는 생활 형태의 발생이야말로 지배적인 사건"이 되었다고 설명했다.

그는 인간 사회들이 에너지 잉여분을 흡수해 완전히 자의적인 방식으로 사용한다고 지적했다. 그중에서 인구는 하나의 방식에 불과하다. 예컨대 아즈텍인은 거대한 피라미드를 건설해 그 위에서 인신공양을 했다. "아즈텍인의 세계 개념은 오늘날 우리의 개념과 완전히 독특하게 대치되지만, 우리가 일할 궁리를 하는 만큼 그들은 희생할 궁리를 했다." 희생자는 유용한 부의 총량 중에서 선택된 잉여분이다. 선택된 순간부터 이 희생자는 폭력적인 번제燔祭가 예정된 저주의 몫이 된다. 북부 아메리카 인디언들의 포틀래치potlatch는 '부의 증여'의 또 다른 사례인데, 라이벌 우두머리에게 상당량의 부를 성대하게 증여하여 그를 모욕하고 도전을 제기하며 그만큼의 답례를 되돌려줄 것을 강요했다. "낭비하는 삶은 그것이 낭비자에게 가져다주는 마력에 익숙해진다."

언뜻 보기에 티베트인들은 이러한 체제의 정반대로 보이며, 유혹에 저항할 필요성조차 없는 이들로 보인다. 잉여분 낭비에 대한 그들의 '해결책'은 잉여분 전체를 수도원에 증여해 일군의 비생산적인 소비자의 생활을 유지시키는 것이었다. 도처에서 희생과 축제, 전쟁이 사회의 잉여 에너지를 해소했다. 현대사회는 이 잉여 에너지를 산업적 시설을 위해 마련해두었다. 바타유는 "나는 전반적으로 성장이란 존재하지 않으며, 단지 온갖 형태의 사치스러운 에너지 낭비만이 존재한다는 사실을 강조하겠다"고 결론 내렸다.

또한 "이 세계의 폭발적인 성격, 오늘날 들어 그 폭발적인 긴장감이 극한으로 치달은 폭발성이야말로 일반적인 경제가 정의하는 바"라고 결론 내렸다. 각국의 사회는 자신들을 이끄는 법칙을 결코 이해하지 못한 채 "사방에서 온갖 가능성의 극한으로" 달려가는 수밖에 없다. 자신들이 이뤄놓은 잉여분, 저주의 몫을 낭비하는 수밖에 없는 것이다.

4. 화폐의 탄생

화폐는 두번 다시는 보지 않을 미지의 인물에게서
상품을 구입할 수 있는 길을 열어주었다.
애덤 스미스는 빵을 구하려고 제빵사에게
미소를 짓지 않아도 되는 것은 화폐 덕분이라고 말했다.
화폐는 타인과의 관계에서 해방되도록 해준다.
문제는 이후 관계를 재구성하는 방법에 관해서는
아무것도 말해주지 않는다는 것이다.
서로 전혀 모르는 사람들 간의 관계를 허용하지만,
그런 관계는 특정 집단 내의 연대적 관계만큼이나
효과적일 수 없다.

화폐는 특히 문자와 마찬가지로, 인간의 역사를 누적 성장의 과
정에 들어서게 만든 도구 중 하나다. 화폐는 기원전 6세기 초 리
디아 왕국에서 발명되었다. 헤로도토스는 화폐의 역사가 메름나
다이 왕조 창시자인 기게스에게 그 기원을 둔다고 봤다. 야코프
요르단스의 1646년 작품은 기게스가 후광에 둘러싸인 왕비의
아름다운 나신을 커튼 뒤에 숨어서 감상하는 모습을 담고 있다.
칸다울레스 왕은 왕비가 몹시 자랑스러웠던 나머지, 가신 기게

스에게 그녀의 나신을 보여주고 싶어했던 것이다. 왕비는 자신을 훔쳐보는 기게스를 발견했고, 칸다울레스 왕을 죽이든가 자신에게 모욕을 준 대가로 자결하든가 둘 중 하나를 택하라고 종용했다.[27] 이에 기게스는 칸다울레스 왕을 죽이는 편을 택했다. 얼마 후 리디아 왕국은 화폐를 발명했다. 크로이소스야말로 이 리디아 왕국의 메름나다이 왕조 최후의 왕이자 가장 유명한 왕이다.

헤로도토스는 『역사』의 출처에서 이 일화를 묘사했는데, 어째서 그리스가 아니라 리디아가 화폐를 발명했는지 이해할 만할 요소를 전혀 찾지 못했다. 헤로도토스에 따르면 두 민족은 주로 그리스인이 고안해낸 놀이를 하며 비슷한 오락거리를 즐겼는데, 다만 '트릭트랙(주사위를 굴려 말을 이동시키는 보드 게임의 일종—옮긴이)'만큼은 대기근이 발생했던 동안 리디아인이 고안해낸 놀이였다. 헤로도토스는 리디아에서 "모든 소녀가 몸을 팔아 지참금을 벌며, 이는 본인이 스스로 남편감을 골라 맞이할 때까지 계속된다"고 지적했다. 지참금을 벌고 싶었던 처녀들의 매춘이 화폐가 발명된 근본적인 원인이었을까? 헤로도토스는 그렇다고 암시는 했지만 이 부분에 오래 매달리지는 않았다.

조르주 르리데의 통찰력 가득한 저서 『화폐의 탄생』[28]에 따르면, 이집트와 메소포타미아, 성경 시대 역시 '화폐'를 경험하기는 했다. 하지만 이는 주조되지 않은 '화폐', 즉 금괴와 은괴의 경우였고, 반드시 무게를 달아야 한다는 불편 사항 말고는 그리 큰 문제가 없었다. 이후 왕의 각인이 된 특정 국가의 화폐는 이 도구의 영향력을 뿌리부터 바꿔놓았다. 이제 화폐는 더 이상 여느 상품 중 하나가 아니라, 새로운 보편적 언어의 기원이 된 것이다. 문자가 지식의 축적을 가능케 했던 것처럼, 화폐는 부의 축적을 가능케 하는 전달 수단이었다. 그러나 문자와 마찬가지로 그 이상의 역할을 해냈는데, 새로운 언어를 발명했을 뿐 아니라 오해마저 양산해냈다. 언어는 사물을 지시하는 '중립적'이고 '객관적인' 수단이 전혀 아니다. 언어는 언어 없이는 존재하지 않았을 개념을 단어에 입힘으로써 고유한 세계를 창조한다. 이 점은 화폐 역시 마찬가지다. 화폐는 부의 언어를 발명했던 것이다.

새로운 언어

따라서 화폐는 그 존재만으로도 새로운 구문을 창조했으며, 미셸 아글리에타와 앙드레 오를레앙은 이 구문의 인류학적 의미를 훌륭히 밝혀냈다.[29] 화폐가 없는 사회들은 직접적인 사회 관계밖에는 경험하지 못한다. 일례로 커뮤니케이션 전문가 폴 바츨라빅에 따르면, 냉장고 앞에서 야옹거리는 고양이는 자기 주인한테 '우유를 줘'라고 말하는 것이 아니라 '엄마처럼 행동해줘'라고 말하는 셈이다.[30] 마찬가지로, 화폐가 없는 경우 거래는 동맹관계 혹은 복종관계가 자리잡은 사회적 관계망 사이에서만 나올 수 있다.

한편 화폐로 얽힌 관계에서는 정반대 일이 발생한다. '지불했으니 얘기는 끝.' 화폐로 지불하면 관계를 마무리할 수 있는 것이다. 인류학자 고든 차일드는 주조 화폐가 도입됨으로써 개인이 집단에 전적으로 의존하는 일을 피할 수 있다고 봤다. 두번 다시는 보지 않을 미지의 인물에게서 상품을 구입할 수 있는 셈이다. 사실 이 인물을 두번 다시 보지 않을 것 같다면, 반드시 화폐로 지불해야 한다.[31] 애덤 스미스는 빵을 구하려고 제빵사에게 미소를 짓지 않아도 되는 것은 화폐 덕분이라고 말했다. 화폐는 타인과의 관계에서 해방되도록 해준다. 문제는 이후 관계를 재구성하는 방법에 관해서는 아무것도 말해주지 않는다는 것이다. 화폐 거래는 그 출발점에서부터 이러한 모순의 선 위를 걸어왔다. 서로 전혀 모르는 사람들 간의 관계를 허용하지만, 그런 관계는 특정 집단 내의 연대적 관계만큼이나 효과적일 수 없다.[32]

폴라니에 따르면, 화폐경제는 사회 속에 오랫동안 '덤으로 들어가' 있었다. 그는 역사의 후반부에 이르러서도 경제가 진정 별개의 분야가 아니었으며, 사실상 19세기의 '거대한 전환great transformation'을 맞이하고 나서야 사회로부터 '분리되었다'고 주장했다. 또한 로랑스 퐁텐은 그의 근사한 저서 『도덕경제』[33]에서 신용crédit은 17세기까지만 해도 오늘날과는 아주 다른 의미였음을 보여주었다. 유럽은 이미 상업혁명에 들어선 단계였음에도 불구하고, 사람들은 누군가에게 돈을 빌려주고 나서야 채무의 의무를 지웠으며, 빌려준 돈을 꼭 받아내려고 하지도 않았다. 경제는 나

중이 되어서야 하나의 자체적인 지적 학문으로 등장했다. 경제적 사유의 기반을 이루는 개념들, 즉 생산, 투자, 금리, 수익 등이 체계적인 담론으로 진정 편입된 것은 18세기 들어서였다.

사실상 화폐는 돈으로 신분을 초월하려는 개인을 향한 은밀한 의구심으로 오랫동안 점철되어왔다. 동서양을 막론하고, 대부분 보잘것없는 신분 출신이었던 상인들은 도시 내의 삶과 거의 관계를 맺지 않으며 지냈다. 아네테의 거류외국인을 일컫는 메틱 metic들은 상당한 부를 축적할 수 있었지만, 그래도 생활수준은 크게 달라지지 않았다. "토지 및 주택 소유권이 없기 때문에 말을 기르거나 연회를 열지도 못했고 저택을 지을 수도 없었다. 소수에 불과하긴 했지만 부유한 메틱들은 수수한 생활을 영위했다."[34] 실제로 장기간의 역사 동안, 화폐는 메틱들과 합이 잘 맞았고 전통적인 사회질서에 잠재적인 위협이 되었다.

화폐와 국가

그렇다 하더라도, 시장들이 전부 다 산업혁명으로 무장한 채 분리돼 나온 것은 아니다. 오늘날 역사학자 대부분은 폴라니의 이론을 상대화하여 바라본다. 근거리나 장거리를 막론하고 상업은 금세 고대사회의 중요한 국면을 차지하게 되었다.[35] 구디에 따르면, "메소포타미아와 중앙아메리카의 초창기 도시사회가 등장한 이후 국가에나 그 자신에게나 상인들은 중요한 존재였다. 아카드 왕국의 왕들은 타지에서 위험을 무릅쓰는 상인들을 보호하기 위해 직접 개입을 했다. 아즈텍에서는 무역 거부가 전투를 촉발시키는 요소가 되었다."(봉쇄적인 자급자족 경제를 가리키는 오이코스oikos의) 상호성과 상업적 거래를 서로 견주는 것은 지나치게 단순화된 설명이다. 청동기 시대 이후 도시 및 수공업의 발전, 그리고 상업으로 살아가는 '부르주아 계급'의 발달이 도처에서 관찰되었다. 신용의 확장은 메소포타미아와 중국 외 여러 곳에서 문자가 최초로 적용된 사례 중 하나였다. "사유재산권은 로마법의 산물이라는 생각이 널리 퍼져 있는데, 이는 다른 사회를 무시하는 처사다. 중국에서는 당나라 시대 이후로 쌍방 간의 서면 계약 관행이 상당히 흔했다."[36]

왜냐하면 화폐는 국가의 산물이기 때문이다. 국가는 과거에 현물로 받았던 세금을 거둘 수단이 긴급히 필요해졌다. 군대나 경찰을 유지하는 국가를 건설하려는 데 닭이나 양으로 세금을 거두는 것은 비효율적이기 때문이다. 국가는 증여와 물물교환으로 이뤄진 상호성의 관계를 제 나름의 방식으로 깨뜨리기 위해 화폐가 필요했다. 국가의 행정에 들어갈 자금을 조달할 '보편적인' 지불 수단이 있어야만 했던 것이다. 피에르 클라스트르의 말을 다시 풀어보자면, 레비스트로스가 이미 사회란 가족에 반反하여 구성된다고 증명했던 것처럼 국가 역시 사회에 반하는 존재인 셈이다.

그리스와 로마의 길

그리스는 독창적인 길을 걸었다. 페리클레스 시대의 아테네에서는 대지주들이 무료 식사를 제공했으나, 페리클레스 본인은 민주주의의 이름으로 모든 시민이 현금 형태의 후원금을 할당받아 시장에서 식료품을 구입하도록 했다. 페리클레스 자신도 그해의 수확물을 시장에 한 번에 내다 팔았으며, 이후 필요한 물건들은 점차 광장에서 구입했다. 고대 그리스의 지주들은 본인의 이익에 관계된 경우 교역을 대단히 중시했다. 아티카의 땅은 기름과 와인 생산에 더 적합했던 만큼, 그리스는 곡물을 수입해야만 했다. 지주들은 와인 생산물을 판매한 돈으로 곡물을 수입해 자신의 '저택'을 먹여 살렸다. 고대사회에서 이러한 교역은 오늘날 산업국가 경제에서 석유 무역이 차지하는 것만큼이나 핵심적인 거래였다. 바로 그렇기 때문에, 폴라니가 강조했던 것처럼, 거래 가격은 자유시장에서 형성되도록 맡겨지는 대신 종종 법령에 따라 조정되었다. 그렇지만 그 자취를 따라 '국가의 관리'를 받지 않는[37] 광대한 지중해 교역이 형성되었다.

곧이어 그리스 세계는 로마 세계가 되었다. 중부 이탈리아의 소공화국이었던 로마는 채 100년도 지나지 않아 지중해 세계의 주인이 되었으며 필요로 하는 자원을 금세 공출했다. 이집트와 갈리아는 밀 공급 담당이었으며, 중동은 직물, 그리스는 항아리, 이스파니아는 철기를 바쳤다.[38] 로마인들은 화폐와 법에 관련된 그리스의 유산을 쉽사리 받아들여 일반화했다. 로마인 스스로가 뛰어난 입헌주의자이자 위대한 입법자였으므로, 그리스의 상법을 받아들이는 데 전혀 어려움이 없었다.[39] 로마 귀족은 그리스 귀족만큼이나 상업을 오래도록 경시했으나, 그럼에도 교역은 금세 로마제국의 일부분이 되었다.

　로마는 평민들에게 '빵과 서커스'(대중의 불만을 잠재우기 위해 콜로세움에서 무료로 경기를 보여주며 경기가 끝난 후에는 빵이나 밀을 지급했던 우민화 정책의 일종―옮긴이)를 제공했던 것으로 유명하다. 그러나 중국이 누려온 영광의 흔적이 화려한 자금성에 분명히 남아 있듯이, 이 세속적이고 사치스러운 지출 행태로도 가려지지 않는 사실이 있다. 바로, 로마제국의 주요 지출을 차지했던 것이 바로 로마의 군대였으며, 이 군대 때문에 세금을 현금으로 거둬야 했다는 점이다. 로마는 현물로 거둔 밀을 중간상인들을 통해 현금화했다. 소금과 철 판매에 부여된 독점권은 국고를 채우기 위한 국가 재정 전략의 일부였다. 사실, 훨씬 더 나중인 16~17세기에 '중상주의'라 불리는 것―봉건 세력에 맞서는 상인과 군주 간의 동맹―은 애초 이 로마제국의 변함없는 관행이었다.

　법과 화폐는 향후 르네상스 유럽에 귀중한 자원으로 드러날 기틀을 제공했으며, 상업에 지배되는 경제라는 새로운 길을 유럽이 걸어나가는 데 길잡이가 되었다. 과거 나란했던 동양과 서양의 길은 이제 적어도 한동안 서로 갈라진다. 이러한 (최초의) 크나큰 차이의 주원인은 서양에서는 로마제국이 야만족의 침입에 살아남지 못했던 반면, 동양에서는 중국이 충격을 견뎌냈다는 것이다.[40] 애초만 해도 불리하게 작용했던 이 사태들은 추후 서양의 우위를 이끌어내는 원인이 된다. 위기를 맞이한 덕분에 서양은 뒤로 한 걸음 물러섰고, 노예제를 바탕으로 하며 기술적으로 낙후된 로마 체제의 방식에서 벗어났던 것이다.[41]

기나긴 동면에서 깨어난 서양은 농업이 당대에 의미했던 만큼이나 중요한 발견으로 이어지는 전례없는 길을 발견하게 된다. 산업혁명에 들어섰던 것이다.

5. 역사의 절도

노르베르트 엘리아스는 궁정사회가 귀족들의
풍습을 '문명화하고' 평화화했던 방식을 묘사하는
식으로 논거를 구성했다. 이 방식이 추후
부르주아 계급을 통해 여타 사회계층으로
퍼져나갔다는 것이다.
그렇지만 그의 논지에는 중대한 약점이 있다.
중세의 폭력을 서양 문명의 출발점으로 삼음으로써,
로마의 몰락 이후 서양인들이 경험했던 과정을
간과했고, 다른 문명들과의 비교 지점을
전혀 제안하지 않았다는 것이다.

서양 역사는 별다른 변화 없이 페리클레스 시대의 그리스로 시작
해 단테와 갈릴레이의 유럽을 거쳐 제임스 와트와 애덤 스미스의
유럽으로 귀결되는 것처럼 오랫동안 소개되어왔다. 전제 군주의
의지가 만인의 의지를 무릎 꿇리고 백성을 도탄에 빠뜨렸던 동
양의 체제에 비해, 유럽의 역사는 자유와 번영을 향해 나아간 서
양인의 영예로운 발자취를 구현했다고들 말이다. 서양만이 철학
적(그리스), 도덕적(기독교), 과학적(갈릴레이), 경제적(제네바와 피렌

체, 암스테르담, 런던 은행가의) 수단을 보유한 덕분에 근대성을 발명했다고. 이런 논조에 따르면, 유럽은 또한 사랑(궁정식 사랑courtly love, 이후 낭만적 사랑), 내적 규범self control, 자유(인권과 의회민주주의라는 의미에서)를, 즉 오늘날 완전하고 전적인 의미의 개인을 발명했다며 그 공을 인정받는다.

하지만 세부 사항을 분석하다보면, 이렇게 구성된 골조는 금세 무너져 내린다. 그리스와 로마는 사실 단 한 번도 위대한 기술적 창의성을 보여준 적이 없다. 노예노동이야말로 경제활동의 기반으로, 고대로마를 막다른 길로 몰아넣어 아르키메데스의 지식을 전쟁 기구에밖에 사용하지 못하게 만들었던 원인이다. 고대세계의 상업 (및 상인) 경시 풍조는 서양인들의 상상계를 오랫동안 잠식하면서 기독교의 고리대금 금지를 통해 살아남았다. 현대적 의미의 경제적 번영의 기원을 그리스나 기독교 유산에서 찾아보려 해봤자 소용없는 일이다.

또한 잭 구디나 이언 모리스, 아마르티아 센의 연구는 사랑, 보편주의적 도덕, 자유가 서양의 '발명품'이라는 생각에 다시금 문제를 제기했다. 그런 생각은 중국이나 인도의 문학을 접하기만 해도 곧바로 틀렸음을 확인할 수 있다.

예컨대 사랑과 감정적 애착은 종종 개인주의 및 자유(배우자를 고를)와 연결되며, 일부 역사학자에 따르면 중세 시대로 거슬러 올라가 음유시인들이 노래했던 궁정식 사랑에 기원을 두는 최근의 발명이다. 그러나 잭 구디에 따르면, 중국에서는 기원전 3세기의 책 『시경』이 애정시가 실린 최초의 선집이다. 기독교 시대의 서양과는 달리, 중국이나 일본에서 사랑은 죄가 아니라 상찬받을 미덕이었다. 아가雅歌(구약성서의 한 권으로 남녀 간의 사랑을 찬미하는 노래로 돼 있다—옮긴이) 또한 사랑의 노래다(그리고 사람들은 이를 우의적으로 읽어내려 한다). 마찬가지로 애정시라는 장르는 이슬람 세계에 널리 퍼져 있었다(1022년 시인 이븐 하즘이 쓴 『비둘기의 목걸이』가 하나의 예다). 그리하여 구디는 이렇게 결론 내렸다. "음유시인들이 '더는 죄가 아니라 미덕'으로서의 사랑을 했다는 생각이 중세 유럽에 한정해서는 유효할지 모르나, 전 세계를 배경으로 한다면 옹호될 수 없다."[42]

마찬가지로, 수치심에서 죄책감으로의 이행은 서양의 특징처럼 소개되었다. 수치심의 지배를 받는 사회는 타인의 시선이 가하는 외부적 압력에 속박되기 마련이다. 죄책감은 사회적 제약의 내면화를 특징으로 하는 사회로의 이행에 깊은 영향을 미쳤다. 사회학자 노베르트 엘리아스에 따르면, 그 기원은 봉건주의에서 전제 국가로 이행하는 중의 서양에 자리한다. 바로 이 시기 동안, 서양의 기적을 대부분 설명해주는 '문명적 도약'이 일어났던 것이다. 엘리아스는 궁정사회가 귀족들의 풍습을 '문명화하고' 평화화했던 방식을 묘사하는 식으로 논거를 구성했다. 이 방식이 추후 부르주아 계급을 통해 여타 사회계층으로 퍼져나갔다는 것이다. 그렇지만 그의 논지에는 중대한 약점이 있다. 중세의 폭력을 서양 문명의 출발점으로 삼음으로써, 로마의 몰락 이후 서양인들이 경험했던 과정을 간과했고, 다른 문명들과의 비교 지점을 전혀 제안하지 않았다는 것이다.[43] 더욱이 엘리아스가 유럽의 문명화 과정이 시작되었다고 보는 16세기는 사실상 전쟁과 살육으로 점철된 무시무시한 시대의 출발점이었다.[44] 역사학자 로베르 뮈샹블레에 따르면, 사실상 30년 전쟁(1618~1648)까지 지속되었던 극단적 폭력의 주기야말로 국가가 마침내 적법한 폭력의 독점권을 손에 넣게 된 계기였다.[45] 하지만 이 주장에 관해서도 유럽만의 특수성을 입증해주는 것은 없다.

구디에 따르면, 중국에서 "풍습의 변화는 인사를 하거나 자신의 몸을 돌보는 복잡한 의식에서 나타났다. 궁중생활의 제약(예컨대 다도의식)은 농촌생활의 자연스러움과 대조되었다." 이 모든 변화는 서양의 문명화가 전혀 부럽지 않은, '문명화 과정'의 증거다. 역사적 국면들을 고려해볼 때, 동양과 서양 사이에 놀라운 평행 이론이 작동했던 셈이다. 예의 규범의 등장, 귀족사회 편입을 선망하는 부르주아 계층의 급부상이 유라시아 세계의 양극단에서 모두 관찰되었다.

케네스 포메란츠와 캘리포니아학파라 불리는 학자들의 연구가 입증했듯이, 어쨌든 유럽의 상황과 비교할 때 14세기 이후에는 중국 경제의 자본주의로의 이행을 막는 장애물이 사상적으로나 물리적으로나 전혀 존재하지 않았다. 중국의 농업은 효율성이 굉장히 높았으며 도소매가 잘 통합된 시장을 갖췄다는 것이 특징이다. 노동시장으로 말하자면, 유럽의 동업조합들이 야기했던 것에 견줄 만한 장애물도 없었다.[46] 심사숙고한 정책 덕분에, 여성의 노동 참여율은 더 높아졌다. 바로 여기서 한결같은 질문이 제기된다. 그렇다면 무슨 이유로 근대적인 경제성장은 서양에서 등장한 것일까?

중국의 전성기와 쇠락

이야기를 이어나가보자. 로마가 몰락한 후, 서양은 기나긴 동면기에 들어갔다. 동면에서 깨어난 서양은 나머지 세계가 끝없이 변화해왔음을 발견했다. 11~13세기에 시작된 유럽의 르네상스는 동양에 대한 선망으로 가득했다. 마르코 폴로의 여행기는 유럽을 꿈에 부풀게 했다. 베네치아는 동방 교역으로 번영을 이뤘고, 이후 이를 본보기 삼아 거대 상업도시들(제네바, 암스테르담, 런던)이 부를 축적했다. 크리스토퍼 콜럼버스는 인도로 떠나 항로를 발견했다. 어느 유라시아 민족이든 이 항로를 발견했다면 영국과 스페인, 포르투갈이 했던 것만큼이나 아메리카 대륙을 식민지로 삼는 데 성공했을지도 모른다.[47] 예컨대 1405년에 명나라 제독 정화는 300척의 배, 2만7000명의 선원, 180명의 의원을 이끌고 난징에서 스리랑카와 아프리카로 출발했다. 정화는 나침반을 이용했고, 식수 보급용 선박을 보유했다. 콜럼버스는 단 세 척의 배, 90명의 선원에 식수가 부족했으며 나침반도 없었다. 하지만 중국은 항해를 중단했다. 중국은 유럽으로 향하는 새 항로를 발견하는 데 딱히 관심이 없었던 반면, 유럽은 중국으로 향하는 새 항로에 관심이 아주 많았던 것이다.

서양세계가 약진을 거듭하게 해준 위대한 발명품들은 바로 나침반(항해용), 인쇄술, 종이(지식의 전파), 화약(전쟁 수행)이다. 이 모두는 중국에서 온 물건이었다. 실제로 이미 14세기에 중국은 유럽이 그로부터 4세기 이후에 발전시킨 산업혁명과 유사한 수준에 근접해 있었다. 모리스에 따르면 11~12세기 당시 송대의 중국은 로마를 초월하여 전성기를 맞이하는 중이었다. 당시 시장에는 농산품뿐만 아니라 '종이, 삼, 비단, 닥나무 종이' 등 새로운 상품들이 속속 등장했다.

그러나 이러한 르네상스는 14세기 몽골족의 약탈이라는 외부 요소로 산산조각 났다. 더욱이 서양세계 약진의 원인 중 하나는 16세기에 러시아의 이반 4세가 러시아 대초원이라는, 동양과 서양 사이의 고속도로 같은 공간을 봉쇄함으로써 몽골족의 위협이 종식되었다는 점이다. 몽골의 약탈은 중국의 산업에 치명적으로 작용했다. 이후 중국은 14세기 때보다 더 쇠퇴했고, 명대에 이르러 제국을 수복했음에도 과거의 속도를 결코 되찾지 못했다. 포메란츠에 따르면, 중국의 산업적 쇠퇴는 지리적 파란 때문이었다. 중국의 석탄 탄광은 주로 북부에 위치했는데, 몽골의 침략으로 중국의 학문적, 정치적 중추가 남쪽으로 밀려난 것이다. 이 석탄 탄광은 영국 역사에서 매우 결정적인 역할을 했던 바 있다.

서양의 급부상

서양이 급부상한 원인은 궁정식 사랑도, 내적 규범도 아닌 유럽 강대국들이 몰두했던 상시적 전쟁에 있었다. 모든 강대국은 세계의 패권을 장악하여 로마의 영광을 재현하리라는 동일한 꿈에 사로잡혀 있었다. 한 예로 라이프니츠는 "유럽이란 무엇인가? 치열하게 서로 싸워대는 이웃들의 모임일 뿐"이라고 적었다. 로마를 모방하려는 현혹에 하나같이 사로잡힌 유럽 강대국들이 몰두했던 준準내전이야말로 서양사회의 특수성인 셈이다. 봉건 전쟁에서는 일부 제후가 1년에 40일 동안만 군주의 전장에서 종군했는데, 이제 용병 군대가 점점 더 불어나 과거의 봉건 전쟁을 완전히 대체했다. 고대에 그러했던 것처럼, 군주들의 자금 필요성은 사회 전체로 확산되었다. 용병 군대를 고용하느라 생겨난 빚으로 이미 옴짝달싹 못하는 국가들은 한없이 늘어만 가는 공공부채를 해소하기 위해 금융자본주의를 탄생시켰다. 이 공공부채는 자본주의의 구성 요소 중 당시의 유럽이 고안해낸 보기 드문 요소 가운데 하나다.

전쟁은 포술과 항해술에서 상당한 진보를 이뤘다. 이 같은 우위는 위대한 탐험가들의 발견 이후, 유럽의 전쟁이 다른 대륙으로 퍼져나갔을 때 굉장히 귀중한 것으로 드러났다. 사실상 세계를 정복하는 일은 유럽 대륙을 지배하는 것보다 훨씬 더 쉬웠다. 이것이 바로 16~17세기에 대서양이 새로운 마레 노스트룸mare nostrum('우리의 바다'라는 라틴어 단어로 지중해를 가리킨다 — 옮긴이)[48]으로서 지중해를 대체했던 시기에 유럽 강대국들이 발견했던 사실이다.

훗날 중상주의라 불리는 학파의 창설자 중 한 명인 프랑스 경제학자 앙투안 드 몽크레티앙이 고안해낸 '정치경제학'이라는 용어가 바로 이 시기에 탄생했다. 중상주의 학자들은 상업을 또 다른 수단을 통한 전쟁의 연속이라고 봤다. 국가는 사들이는 양보다 더 많은 양을 팔아 영토 내에 금을 최대한 많이 유입시켜야 한다. 중상주의자들은 상인이야말로 최선의 동맹 세력임을 군주에게 입증하고 싶어했다. 물론 이런 생각은 과거에도 있었으며, 고대 군주들도 그 사실을 모르지 않았다. 하지만 사회 전반에 미치는 영향력이 예전과는 달리 훨씬 더 뿌리 깊어졌다.

프로테스탄트 윤리와 자본주의적 사고

대발견 시대는 광범위한 상업 제도의 등장을 촉발하여 변화를 촉진시켰다. 아시아는 향신료와 직물, 도자기를 공급했다. 아메리카는 금과 설탕, 담배를 공급했다. 아프리카는 노예 교역이라는 세계적 규모의 추악한 거래에서 무려 3분의 1을 담당했다. 유럽이 제공하는 (아시아산 제품들에 비해) 저질의 상품과 노예를 맞바꿨던 것이다. 봉건주의 사회에서 중상주의 사회로의 변혁은 17

세기에 '인클로저' 법령Enclosure Acts(정부는 이 '공유지의 사유지화 법령'에 근거하여 농민의 토지를 수탈한 뒤, 목장이나 자본주의적 대농장으로 전환했다―옮긴이)이 등장하면서 정점에 달했다. 이 인클로저 법령을 이용해 영국 귀족은 농민을 밭에서 거침없이 몰아낸 뒤 양을 치게 하고 그 양털을 네덜란드 방직공에게 팔았던 것이다.[49] 프랑스의 사회학자 로베르 카스텔의 근사한 묘사에 따르면, 이 시기에 노동은 조상 대대로 내려오는 관계에서 '벗어나는' 새로운 역사적 경험을 했고, 이 경험은 훗날 임금제로 귀결되었다.[50]

바로 이 시기에 칼뱅은 문자 그대로의 '부'를 더는 죄악시하지 않는 이념을 강조했다. 그는 부가 악마의 행위가 아니라 신에게 선택받은 증거라고 설명했다. 탐욕은 당시에도 여전히 죄악으로 여겨졌는데, 루터 자신도 상업을 경시했으며 고리대금업에 대한 교회의 전통적인 비난을 견지했다. 칼뱅파 상인들은 이런 금기를 초월했지만, 개인적인 자랑은 전혀 하지 못하는 대신 신의 자비를 증명해 보여야 했다. 신을 찬미하려면 본인의 영광을 부정하고, 자신이 부자라는 사실을 '겸허하게' 받아들여야 했다.

(바타유가 인용한) 영국의 경제사가 리처드 토니의 탁월한 문장에 따르면, 칼뱅은 제네바의 부르주아 계층이 미래 세계의 패권을 쥘 것이라고 봤다. 마르크스가 미래 세계의 패권은 프롤레타리아가 쥐리라고 봤던 것처럼 말이다. 그렇지만 토니는 칼뱅주의가 군림했던 곳에서는 오히려 집산주의의 독재가 강요되었다고 봤다. 이러한 (최근의) 전통이 이익의 자유로운 추구로 귀결되기까

지는 17세기 후반 영국 청교도의 탄생을 기다려야 했다. 1688년 오렌지공 윌리엄(윌리엄 3세)이 제임스 2세(프랑스로 망명했다)를 몰아냈을 때, 제네바에서 체결된 자본주의와 종교 사이의 협약 (1688년 5월, 윌리엄 3세는 제네바의 신성로마제국 황제 레오폴드 1세와 협약을 맺었고, 신성로마제국은 네덜란드 공화국과 동맹하여 프랑스에 대항했다—옮긴이)은 런던을 거쳐갔고, 이후 막스 베버가 자본주의적 사고라고 해석했던 것을 만들어냈다.

기계의 등장

유럽의 경제 변혁을 이끌어낸 상황적 요소를 고른다면, 14세기의 흑사병이 될 것이다. 1929년 대공황이 서구 자본주의에 야기했던 만큼의 여파를 흑사병은 봉건제도에 야기했는데, 이 병은 모든 것을 대혼란에 빠뜨렸다. 농민 수의 급감으로 인구와 토지 사이의 균형은 흔들렸다. 이 같은 위기 덕분에 농민들은 예속된 상황에서 벗어날 기회를 얻었는데, 최고 입찰자에게 고용되어 자신의 용역을 제공할 수 있었던 것이다. 흑사병의 위기는 유럽 전역에서 임금 인상을 촉발했으며 평균 임금은 평소 수준에 비해 두 배로 뛰어올랐다.

그렇지만 식량의 속박으로부터 해방된 것은 잠시뿐이었다. 금세 인구가 다시 증가한 유럽은 흑사병 유행 이전의 인구 수준을 되찾았다. 인구 회복과 함께 시작된 임금의 '정상화'는 17세기 동안 거의 전 유럽에서 이루어졌다. 하지만 네덜란드와 영국만큼은 이러한 퇴보 현상에서 벗어났다. 두 국가의 임금은 흑사병 이후 도달한 정점에 가까운 수준으로 유지되었다. 경제사가 로버트 앨런은 18세기 영국의 서민들은 흰 빵과 소고기, 맥주뿐 아니라 거울, 설탕, 차 같은 사치품도 살 수 있었음을 보여주었다. 반대로, 예컨대 피렌체 서민들은 15세기에는 빵을 먹었으나 18세기에는 아메리카 대륙에서 갓 수입해온 옥수수 죽밖에 먹을 수 없었다고 한다.[51]

　네덜란드와 영국에서 임금이 높게 유지되었던 것은 여러 요인에서 기인한 결과다. 이 두 국가는 16~17세기 대항해 시대에 탄생한 무역 흐름의 덕을 더 많이 봤던 것이다.[52] 마찬가지로, 두 국가의 농업은 윤작법을 비롯한 새로운 농법을 다른 유럽 국가에 비해 훨씬 더 빨리 경험했다.

　앨런은 역사상 일반적으로 관찰된 이처럼 낮은 임금은 산업 발전에 그 어떤 자극도 주지 못했다고 봤다. 노동의 가치가 이토록 낮은데 어째서 굳이 노동을 기계화하겠는가? 노예 노동에서 벗어나지 못했던 로마의 경제적 종말을 파헤친 이 질문은, 17~18세기 유럽에도 여전히 근본적인 사안으로 남아 있다. 흑사병의 발생으로 생겨난 단절이 분기점을 만들어냈던 것이다. 18세기 중반, 산업혁명 이전의 영국의 평균 임금은 프랑스의 평균 임금보다 60퍼센트 더 높았다. 이러한 상황은 노동의 기계화를 장려하는

데 상당한 영향을 미쳤다.

따라서 임금 인상이야말로 산업혁명의 원인이지 산업혁명이 임금 인상의 원인은 아닌 셈이다. 일례로 앨런은 영국 면공업의 변혁을 이끌어낸 핵심적 기계, 바로 아크라이트가 발명한 최초의 상업적 면 방적기를 분석했다. 앨런의 계산에 의하면, 영국에서 아크라이트 방적기를 도입할 경우 투자 자본 수익률이 40퍼센트에 달했지만 프랑스에서는 9퍼센트에 불과했다. 임금이 낮은 만큼 인간의 노동을 기계로 대체하는 경우의 수익률이 덜 높았던 것이다. 19세기 들어 이 기발한 기계들이 개선되었고, 원가도 낮아져서 프랑스 같은 저임금 국가에서도 기계를 도입하는 편이 더 유리해졌다.

이제 우리는 현대세계의 초입에 와 있다. 기계들이 속속 도래할 것이며, 곧이어 증기기관이 등장해 영국 기업가들이 공장을 돌리는 데 동원했던 에너지 총량을 대대적으로 뒤흔들 시점이다.[53] 그렇지만 서양세계에 일종의 상승력을 제공했던 것은 따로 있다. 역사에서 자주 보이듯 어느 현상의 초기 과정이 흐지부지되는 대신 확대되었던 것은, 바로 인류 역사의 2차 빅뱅이라 불리는 과학혁명 덕분이었다. 과학혁명은 세계의 인식을 전도시켰고 곧이어 경제생활의 견인차가 되었다.

6. 닫힌 세계에서 무한한 우주로

유라시아 세계의 저편에서 중국인들은
탁월한 깊이의 과학을 발달시켰고, 이를 조지프 니덤은
일곱 권의 두꺼운 저서로 상세하게 분석해냈다.
그러나 중국의 과학은 실용적 문제의 해결에 좀더
기울어져 있었다. 아인슈타인이 말했던
말도 안 되는 만남이란 이 두 전통의 결합에서
유래했을 수 있다. 서양은 관념세계에 대한 믿음과
개인적인 강박을, 동양은 세계의 기술적 이해에 관한
실용주의를 가져다준 셈이다.

로마의 몰락에 이은 동면에서 유럽이 깨어났을 때, 유럽은 나머지 세계가 예술과 과학에서 계속 진보하는 중임을 발견했다. 아랍의 의학과 철학은 당대 최고 수준을 자랑했다. 이슬람의 대도시 톨레도가 1085년 카스티야 왕 알폰소 6세의 손아귀에 떨어졌을 때, 핵심적인 계기가 생겨났다. 그리하여 그리스와 아랍의 과학서적을 라틴어로 번역하는 작업이 열정적으로 이뤄졌다. 지식에 대한 갈증이 어마어마했고, 이 작업은 거의 200년에 걸쳐 마무리되었다. 이제 유럽은 자신의 수를 펼칠 준비가 된 것이다.

아랍 서적을 번역하며 재발견된 아리스토텔레스는 유럽의 과학적 사유를 형성하는 데 모순적인 역할을 했다. 아리스토텔레스 덕분에 성 토마스는 이성이 신앙의 적이 아니라고 단언할 수 있었고, 이는 과학적 사유가 휩쓸려 들어갈 틈새를 남겨놓는 역할을 했다. 하지만 아리스토텔레스는 목적론적 용어로 사유했다. 사물의 본성은 그것의 목적으로 설명된다는 것이다(사과를 집기 위해 손이 있는 것이지, 손이 있기 때문에 사과를 집는 것이 아니다). 그는 그 사실에서 무거운 물체는 가벼운 물체보다 더 빨리 떨어진다는 사실을 연역해냈다. 이것이 사실이 아니라고 밝혀지는 데에는 (전해오는 이야기에 따르면) 갈릴레이가 피사의 탑에서 돌을 떨어뜨리기까지 기다려야 했다. 또한 아리스토텔레스는 완전한 진공 상태가 불가능하다고 봤다. 갈릴레이의 조수이자 제자였던 토리첼리는 기압계를 발명하여 기압을 측정했고 자신이 사용하는 수은주 위쪽에 진공이 존재함을 입증했다.[54] 이처럼 갈릴레이의 혁명은 순수 사유와 실험 간의 혁명적인 결합을 실현시켰다. 아인슈타인의 말마따나, 이러한 만남은 현대 과학의 말도 안 되는 기적인 셈이었다.[55]

역설적이게도, 1277년 교회가 파리 대주교의 입을 통해 아리스토텔레스의 사상 대부분이 이단이라고 선포했던 사실이 인간의 사고를 해방시키는 역할을 했다. 14세기 이후 당나귀의 일화로 유명한 뷔리당(자유의지를 예증하는 우화. 질과 양이 동일한 두

무더기의 건초 사이에 놓인 나귀는 선택을 망설이다가 어느 한쪽도 선택하지 못하고는 굶어 죽고 만다. 동일한 상황에 놓일 경우 인간은 자유의지를 통해 이 딜레마를 해결한다는 주장이다—옮긴이)과 그 제자 오렘이 선구자적인 원칙을 제시한 덕에 코페르니쿠스가 자신만의 혁명을 촉발시킬 수 있었다.[56] 아리스토텔레스는 우주가 지구를 중심으로 돌아야 한다고 설명했다. 뷔리당은 완전히 사변적인 기반에서 아리스토텔레스에게 맞섰다. 반대로 지구가 우주를 중심으로 돈다 하더라도, 우리 눈앞의 사물들은 완전히 똑같이 보일 것이라는 견해였다. 그리고 그 이유를 이렇게 설명했다. 실제로는 첫 번째 배가 두 번째 배의 주변을 돈다고 하더라도, 두 번째 배가 첫 번째 배의 주변을 돌고 있다고 얼마든지 믿을 수 있다는 것이다. 하지만 뷔리당은 도는 것이 우주가 아니라 지구라는 결론 앞에서 한 보 후퇴하는데, 공기 중으로 날아간 화살이 같은 자리에 떨어질 수 없기 때문이라고 그 이유를 설명했다. 그리고 그의 제자 니콜라스 오렘은 화살은 지구의 속도를 이용해 움직이기 때문이라며, 이 논거가 왜 불충분한지를 설명했다.

따라서 갈릴레이와 뉴턴의 과학적 사유는 중세에 그 뿌리를 두었다고 말할 수 있다. 중세 전문가 린 화이트는 사실상 기독교야말로 이러한 변화의 기원이라고 주장함으로써 가열찬 논란을 촉발했다.[57] 화이트는 기독교의 부정적인 영향(예컨대 지구가 둥글다는 인식을 아리스토텔레스는 아무 문제 없이 받아들였지만, 이런 개념은 교회의 영향으로 사라져버렸다) 때문에 500년부터 1500년 사이에 과학적으로는 아무 진전도 없었다는 기존 관점을 뒤엎었다. 기독교는 신이 창조한 세계의 성서를 통해 신앙을 제공해주었고, 이런 신앙을 매개삼아 오히려 자연을 이해함으로써 신을 이해하도록 부추겼다는 것이다. 중세에는 'Natura, id est Deus', 즉 자연이 곧 신이었다. 신이나 매한가지인 자연은 신이 정립한 법칙들을 표현한다. 서양인들은 지구란 신이 직접 쓴 필적이나 다름없다는 전통을 계승했다.[58]

예컨대 피에르 르장드르는 "성서는 창조신화의 거부할 수 없는 힘으로 작동하여 이 세계를 해독해낼 실마리를 제공했다. (…) 세계 도처에서와 마찬가지로 서구에서도 역시 인간은 과거의 산물이다. 그러나 중세 이후의 서구에서는 이 과거가 혁명의 임박을 예고했다"고 적었다.[59] 고대 사상가들은 세계에 시작과 끝이 존재한다는 개념이 자신들의 순환적 시간관과 모순된다고 봤다. 성서적 시간 개념은 이 도식과의 단절을 선언했다. 이 개념은 신의 형상을 본떠 만든 존재로서 인간의 역할을 드높여주었다. 기독교가 도래하면서 인류는 한발 더 전진했다. 즉, 신 자체가 인간으로 구현되어 신의 아들로 나타났던 것이다. 린 화이트는 기독교가 현존하는 종교 중 가장 인간 중심적인 종교라고 봤다. 기독교는 현대 과학을 가능케 했던 인간과 자연의 분리를 형성했는데, 그것이 오늘날 환경적 재앙의 근원이 되었다는 것이다(그의 논문이 1967년에 작성되었음을 유념하길 바란다).[60]

하지만 있는 그대로의 기독교가 정말로 과학혁명의 기원인 것일까? 예컨대 동방 정교회는 서구 유럽이 걸은 길을 따라가지 않았다. 데카르트와 갈릴레이, 뉴턴의 개념은 자연이 살아 있지 않으며, 마치 기계식 시계처럼 인간이 작동시킬 수 있는 기계와 같다는 것이다. 이는 신이 세계 어디에나 실재로 편재하며, 이성 혹은 영혼을 뜻하는 누스 νους에 의해 지각 가능하다고 여기는 동방 정교회의 전통에서는 있을 수 없는 사유다. 교부들은 이 '누스'를 인간이 사물의 최종적 현실에 도달하게 해주는, 이성을 초월하는 능력이라고 봤다.[61]

자본주의의 경우와 마찬가지로, 과학혁명을 17세기 유럽이라는 무장을 갖춰 솟아난 하나의 영감으로 보는 것은 무의미하다. 그리스인들은 프톨레마이오스의 천문학에 숙달했지만, 항해술 같은 실용적인 목적으로는 적용하지 못했다. 그들은 천체의 움직임을 이해할 수 있지만, 돌멩이의 탄도는 이해할 수 없다고 봤다.[62] "이 감각세계를 사유의 영토로 인정하여 실험적 확인이라는 수단으로 지배하고 통제한다는 가능성은 (그리스인과 로마인의) 사고 영역을 벗어난 것이었다."[63] 유라시아 세계의 저편에서 중국인들은 탁월한 깊이의 과학을 발달시켰고, 이를 조지프 니덤은 일곱 권의 두꺼운 저서[64]로 상세하게 분석해냈다. 그러나 중국의 과학은 실용적 문제의 해결에 좀더 기울어져 있었다. 아인슈타인이 말했던 말도 안 되는 만남이란 이 두 전통의 결합에서 유래했을 수 있다. 서양은 관념세계에 대한 믿음과 개인적인 강박을, 동양은 세계의 기술적 이해에 관한 실용주의를 가져다준 셈이다.

신을 향한 소망에서 진보 개념으로

과학혁명은 우주의 개념을 무한한 동시에 비어 있는 수학적 공간으로 변화시켰다. 알렉상드르 쿠아레는 그의 위대한 저서 『닫힌 세계에서 무한한 우주로』에서 이 과학혁명이야말로 인간 정신—적어도 유럽의 정신—의 사고의 기반과 기틀 자체를 뿌리부터 뒤바꾼 정신적 혁명의 계기가 되었다고 말했다.[65] "혹자는 유럽 의식의 위기를 논한다. 또 혹자는 의식의 세속화, 내세에 대한 우려에서 내세에 대한 관심으로의 변화 등을 말한다. 철학사가들은 인간이 본질적인 주체성을 발견했음을 강조한다. 문학사가들은 일관성이라고는 전부 사라졌으며 천체가 더 이상 신의 영광을 부르짖지 않는 세계에 새로운 철학이 가져다준 절망과 혼란을 묘사한다."

프랑스의 17세기를 일컫는 이름인 '위대한 세기Grand Siècle'는 의혹과 번민으로 가득했다. 신을 향한 소망이 사라진다면 인간의 삶에 무슨 의미가 있겠는가? 쿠아레가 인용했던 폴 아자르의 1935년 출간작 『유럽 의식의 위기』는 1680년부터 1715년 사이의 몇십 년 만에 유럽의 사고방식이 얼마나 빨리 변했는지를 보여준다.[66] "과거에 프랑스인 대부분은 보쉬에(프랑스의 가톨릭 주교, 설교가 ― 옮긴이)처럼 사고했지만, 지금은 갑자기 볼테르처럼 사고한다. 가장 일반적으로 받아들여지는 개념들, 즉 신을 입증하는 보편적 합의의 개념, 기적의 개념이 의심되는 상황이다. 사람들은 신성神聖을 헤아릴 수 없는 미지의 천체로 밀어냈다. 인간이, 오로지 인간만이 만물의 척도가 되었다. '새로운 철학자'들은 의무 개념에 기반을 둔 문명을 권리 개념에 기반을 둔 문명으로 대체하려는 시도를 했다. 개인 의식을 지닐 권리, 비판할 권리, 이성의 권리, 인권과 시민권 등이 그 좋은 예다."

　18세기가 되자 17세기가 만들어낸 공백에 계몽주의 철학이 해답을 안겨주었고, 이는 기독교적 소망에서 미래의 구원을 대신하는 '진보'라는 새로운 신앙을 도입하면서 이루어졌다. 인간이 노동도 고통도 없이 신에 가까운 삶을 영위할 것이라는 신화 속 황금시대(고대 그리스에서 인류 역사를 금, 은, 청동, 영웅, 철의 다섯 시대로 나눈 가운데 첫 번째를 이르는 이상향의 일종 ― 옮긴이)의 개념에서, 계몽주의는 이상은 동일하게 유지하되 가능한 미래의 형태로 바꾸었다. 예컨대 프레데리크 루빌루아는 "종교 기록 대부분은 인류가 언젠가 추방되어야만 했던 황금시대, 천국, 자연정원 등에 대한 개념을 포함한다. 일부에서 이런 개념은 과거를 향한 시선을 새로운 시작에 대한 희망처럼 설명한다. (…) 계몽주의와 세속화의 확장이 실현된 이후에야, 세계는 뭔가 다른 것, 감히 꿈꿀 수도 없는 뭔가를 향한 진보라는 생각에 지배되었다."[67]

　한편 몽테스키외는 원시적 황금시대로부터 멀어지면서 인간은 그 타고난 단순성과 검소함, 순수성, 자유, 평등을 잃어버렸지만, 법과 이성이 이처럼 사라진 미덕들을 인간에게 되돌려줄 수 있다고 설명했다. 몽테스키외의 낙관론은 다음과 같이 단언하는 데서 그 정점에 달했다. "본디 인간은 평등하게 태어난다. 그러나 인간은 평등한 채로 머무르질 못한다. 사회가 인간에게서 평등을 박탈하지만, 인간은 법에 의해 다시금 평등해진다." 독일의 시인 횔덜린 또한 같은 의견이다. "두 가지 이상적 상태가 존재한다. 하나는 그 책임이 우리에게 있는 오로지 타고난 그대로의 단순성, 우리 자신의 욕망이 스스로 조화를 이루는 상태를 말한다. 다른 하나는 우리가 조직organization의 형태를 스스로에게 부여할 수 있는 덕분에 같은 결과에 도달하는, 더할 나위 없는 문화의 상태다."[68]

몽테스키외나 루소는 이성법, 즉 사회계약이 자의적인 법을 대신해야 한다고 봤다. 타인들 가운데서 끝없이 자신의 자리를 찾으려는 인간의 시도, 헤겔의 용어로는 "개별과 보편"의 화해는 모든 인간이 이성에 근거했기에 공정한 법에 따른다는 사실을 깨달을 때 그 목적을 달성한다. "자연의 주인이자 소유자"가 되게 해주는 과학을 향한 데카르트의 희망은 인간이 역시 자신이 속한 사회의 주인이자 소유자가 되는 희망으로 귀결된다.

그러나 앞서 인용했던 저자 중 그 누구도 인간이 물질적 풍요를 통해 진보하리라고는 상상하지 못했다. 루소는 『에밀』에서 몽테뉴에게 동조하면서 "비참함은 물건이 없다는 사실이 아니라, 그에 대해 생겨나는 욕구에서 비롯된다"고 경고했다. 아리스토텔레스가 이미 돈에 대하여 그랬던 것처럼, 계몽주의는 전반적으로 물질적 진보 개념을 경계하는 태도를 유지했다. 18세기에 들어서는 청교도 혁명이 발생했음에도 강한 물욕을 언제나 악덕으로 치부했다. 그렇지만 물욕이 인간으로 하여금 폭력을 등지게 해준다(이는 몽테스키외의 주요 사상이다)는 점에서 가끔은 선으로 인정하기도 했다.

애덤 스미스 같은 걸출한 인물이 속한 스코틀랜드 계몽주의조차 시장을 사회 조직의 원칙으로 칭송하기는 했지만, 이 진보라는 개념을 정신적 의미로 받아들일 생각은 전혀 못 했다. 더욱이 영구 성장의 개념은 아직 구상조차 되지 않았던 때다. 몽테스키외는 부유함을 기후 같은 요인의 탓으로 돌렸다. 애덤 스미스에 따르면, 당시의 시대는 새로운 경제발전 국면으로 넘어가는 (머무르는) 상태였다. 첫 번째 수렵채집 단계를 지나 두 번째 방목 단계, 세 번째 농업 단계를 거쳐 상업 시대에 들어선 것이다.[69]

스미스는 사실상 일의 전문화가 노동자의 도덕성에 가져올 부정적 영향을 우려했다. "노동자는 그의 지적, 사회적 가치뿐 아니라 결혼생활까지 희생해가며 나름의 직무 능력을 얻는 셈이다."[70] 그리고 도덕적 위험을 방지하기 위해, 보편적인 공교육 제도를 만들기를 권했다. 스미스는 어쩌면 산업사회가 전제적인 농경사회에서 관용적인 상업사회로의 이행 외에 뭔가 다른 것을 내놓으리라는 혜안을 지녔는지도 모르겠다. 그리고 실제로, 사회는 제네바의 평온한 상인들이 상상했던 사회와는 크게 동떨어진 제나름의 세상을 구축할 준비를 했다.

현대세계의 여명기에

성 아우구스티누스는 'Mundus senescit', 즉 라틴어로 '세계는 늙어간다'고 말했다. 세계는 죽음에, 인간은 부활에 대비해야 한다는 뜻이었다.[71] 하지만 한 인간에게 늙는다는 것은 '인생이 점점 더 빨리 흘러간다'는 좀더 평범한 사실을 의미한다. 40대의 1년은 열 살 아이의 1년보다 다섯 배 빨리 흘러간다는 사실을 누구나 경험했든가, 혹은 곧 경험할 것이다. 그리고 그것이야말로 세계의 역사에서 느껴지는 감각이다. 형태가 바뀌기는 했지만, 역사의 가속화가 걷잡을 수 없이 속행된다는 것 말이다.

미래학자 레이 커즈와일에 따르면, 인류 역사의 각 주요 단계는 이전 단계보다 열 배 더 빨리 도래했다. (어림 수치로 보자면) 지금으로부터 1000만 년 전에 사람과가, 100만 년 전에 호모 에렉투스가, 10만 년 전에 호모 사피엔스가 나타났다. 농업은 1만 년 전, 인쇄술은 1000년 전, 전기는 100년 전, 인터넷은 불과 10년 전에 등장했다.[72] 불, 석기, 농업 같은 인간 진보의 위대한 단계들은 수천 년에 걸쳐서 전개되었다. 인쇄술이 등장하는 데는 100년이 넘게 걸렸다. 오늘날, 스마트폰은 10년 만에 전 세계를 평정하고 있다.

18세기 말 영국에서 태동한 산업혁명은 오랫동안 독특한 사건처럼 묘사돼왔다. 영국이 누렸던 있음 직하지 않은 상황적 요인에 의한 사건이라고 말이다. 어떻게 보면 이런 시각에 안심이 되기도 한다. 즉, '부의 축적'이라는 프로테스탄트적인(?) 독특한 기벽이 쉽사리 방향을 바꿔 자본주의의 기원이 되었다는 것이다. 하지만 오늘날의 경제성장은 인류 역사의 시공간 속에서 오래도록 성숙하여 생겨난 산물로 보는 편이 더욱 합당하다.

대부분의 문명이 산업화를 진행하고 있는 이 시점에, 더는 성장을 유럽 중심적으로 바라볼 수 없게 되었다. 이제는 세계 도처에서 시간의 가속화가 이뤄진다. 그리고 바로 이 고속열차 안에서, 인류는 세계의 유한성이라는 새로운 시련에 전례없이 맞서야만 한다.

2장
미래,
미래여!

7. 특이점이 온다

각 세대는 성장의 한계를 지각했고
새로운 아이디어들의 부작용을 아쉬워했다.
그리고 모두가 이 아이디어들의 가능성을 과소평가했다.
우리는 얼마나 많은 아이디어가 아직도
발견되지 않은 채 남아 있는지를 계속 파악하지
못하고 있다. 가능성은 추가되는 것이 아니라,
절로 불어나는 것이다. 즉 새로운 아이디어가 이전
아이디어들의 재조합에 불과하다는
사실을 받아들이기만해도 가능성은 무한해진다.

"범선과 양초로 시작했던 19세기는 대서양 횡단 여객선, 전기, 자동차, 전화로 마무리되었다. 20세기 초만 해도 여성들은 출산 중에, 아이들은 유아기에 사망했으며 결핵은 여전히 사망선고나 다름없었다. 위생, 주거환경, 노동, 교육은 형편없거나 전무한 상태였다." 고대사 전문가 알도 스키아보네가 이렇게 요약했듯이, 20세기 발명품의 목록은 놀랍기 그지없다. "라디오, 레이더, 텔레비전, 원자력 에너지, 전자레인지, 트랜지스터, 컴퓨터, 인간의 달 착류, 대중 관광, 디지털 사진, HD TV, 인터넷, 비디오 게임, 웹 2.0, 엑스선, 마취, 설파제(합성살균제의 일종―옮긴이), 아스피린, 항생제, 경구용 피임약, 화학요법, 장기이식, 유전자 조작, 게놈지도 해독……."[1]

수수께끼의 핵심은 바로 여기에 있다. 1750년 이전 1인당 소득 성장률은 미미하거나 전무한 수준이었다. 1850년이 되자 전례 없는 성장이 이뤄졌다. 유럽인들은 이언 모리스가 설정한 지수상 40에서 90으로 상승하더니, 다른 문명들을 뒤에 남겨둔 채 로마와 송나라가 넘지 못했던 임계점을 초월했다. 18세기의 네덜란드, 19세기의 영국, 20세기의 미국은 해당 세기의 선구자 역할을 차례로 맡았다. 각 단계의 경제성장률은 18세기에 0.5퍼센트, 19세기에 1퍼센트, 20세기에 2퍼센트로 계속 상승했다. 그렇다면 21세기의 성장률은 20세기보다 두 배 상승한 4퍼센트에 도달할 수도 있는 것일까? 인구성장률을 분석한 크리머의 데이터에 기반을 둔다면, 경제성장률의 지속적인 상승은 상당히 매혹적인 가설이다. 이 가설은 '내생적 성장endogenous growth' 이론의 주창자들에게서 옹호되었는데, 이들은 동일한 성질의 자촉매적인 메커니즘이 이제는 부와 부의 성장 사이에서 작용한다고 봤다.[2]

MIT의 미래학자 레이 커즈와일은 이 부의 팽창이라는 개념을 급진적으로 밀고 나간다. 어제와 마찬가지로 오늘은 시간이 더 가속화된다.[3] 다음 단계는 2020년에 올 것이며, 이때가 되면 컴퓨터가 튜링 테스트(대화 상대가 컴퓨터인지 인간인지를 판별 가능한지를 알아보는 검사)를 통과하게 될 것이다. 전자회로는 인간의 뇌에서 사용되는 전기화학회로보다 100만 배 더 빨라질 것이다. 커즈와일은 기술의 폭발적 성장 덕분에 얼마 안 있어 뇌를 완벽하게 복제할 수 있을 거라고 봤다. 기억 전체를 USB 하나에 넣어 가지고 다닐 수 있는 시대가 곧 올 것이라고 말이다. 사람들은 기억을 '저장'하고 (어쩌면) 육체를 교환한 뒤 의식을 되찾을 수도 있을 터다.[4] 이후에는 인류의 모든 지식이 저장 가능해질 것이다. 그때가 바로 특이점이다. 인류의 지성이 우주를 포화시키는 시점 말이다.

커즈와일은 바로 2060년에 인간 종의 급격한 변화가 발생할 것이라고 예고했다. 나노 기술은 '나노봇'(분자 수준의 로봇)을 통해 노화를 역행시킬 것이다. "혈액세포를 계속 생성해내는 혈액줄기세포나 근육줄기세포처럼, 신경줄기세포 역시 존재함을 발견했다. 뇌를 재생할 가능성, 아니 적어도 일부 뉴런을 보존할 가능성이 존재하는 것이다." 커즈와일은 트랜스휴먼(첨단 과학의 발전으로 생물학적 한계를 극복한 인간을 가리킴―옮긴이)의 세계가 다가오는 중이라고 말했다. 그의 미래 예측은 유전학 연구 전문가이자 셀레라 제노믹스사의 창립자 크레이그 벤터의 예측과 일치한다. 사람들이 벤터를 향해 "신이라도 되는 양 행세한다"고 비난했을 때, 벤터는 이렇게 대답했을 것이다. "우린 행세를 하자는 게 아니다!"

인터넷의 모태가 된 아르파넷을 개발한 DARPA(미국 국방성

고등 연구 계획국)는 트랜스휴머니즘 프로젝트를 굉장히 진지하게 받아들였다. DARPA는 '뇌 접속 프로젝트Brain Interface Project'를 출범시켰는데, 실리콘이 아니라 효소와 DNA 분자로 만든 컴퓨터를 미군 병사의 뇌에 이식하는 것이 목표다. 미 국립과학재단National Science Foundation, NSF이 자금을 지원한 이 프로젝트는 2020년부터 사용 가능한 텔레파시 네트워크(텔레파시로 사용 가능한 네트워크)를 개발할 것을 약속했다. 더불어 DARPA는 과학계에 '로봇경진대회Robotics Challenge'라는 도전 과제를 내걸었다. 자동차를 운전하는 로봇, 도보 청소를 하는 로봇, 사다리를 올라가는 로봇, 가방을 닫는 로봇, 전구를 교체하는 로봇 등을 개발하는 것이 목표다. NBIC(나노 기술Nanotechnology, 생명 기술Biotechnology, 정보 기술Information Technology, 인지과학Cognitive science을 결합한 용어) 분야는 유전병을 사전에 발견하여 적절한 치료를 진행하게 해준다는 성배聖杯를 찾는 중이다. 페이팔의 창립자 피터 틸은 이 연구에 재산 일부를 투자했다. 한편 빌 게이츠는 인공보철 연구에 매료되었다(그는 보건 분야에서 세계은행보다 훨씬 더 많은 자원을 동원하는 어느 재단에 재산 대부분을 아낌없이 기부했다).

영구 성장

'내생적 성장 이론'의 주창자들은 커즈와일의 주장을 인용하길 좋아한다. 왜냐하면 그의 주장이야말로 내생적 성장 이론이라는 이 팽창주의적 이론을 완벽하게 예증하는 사례이기 때문이다.[5] 반도체 집적회로의 성능이 18개월마다 두 배로 증가한다는 무어(인텔의 공동 설립자)의 법칙은 이제 경제학의 핵심 원칙들 가운데서 인구성장론을 대체했다. 이 법칙은 무어가 『일렉트로닉스 매거진』에 투고한 어느 논문에서 비롯되었다(1965년의 논문에서 무어는 원래 2년마다 두 배로 증가할 것이라고 봤다). 무어의 법칙을 보면 6세기 인도에서 어느 굽타조 황제의 치세 동안 발명된 체스 게임에 관해 커즈와일이 인용했던 설화가 떠오른다. 황제는 체스의 발명을 축하하기 위해 그 발명자에게 어떤 보상을 원하느냐고 물었다. 발명자는 쌀을 바랐는데, 체스판의 첫 칸에는 쌀알 하나를, 두 번째 칸에는 두 개를, 세 번째 칸에는 네 개를 올리는 식으로 체스판을 덮어달라고 했다(수학적 용어로 풀이하자면 결국 2^{64}-1개, 즉 1.84×10^{19}개의 쌀알을 의미한다).

커즈와일이 지적했듯, 발명자가 바란 보상은 체스판의 절반에 다다를 때까지만 해도 온당한 것으로 보였다. 그러나 32번째 칸에 이르자, 황제는 여느 논 하나의 총 생산량에 해당되는 40억 개의 쌀알을 주게 되었다. 후반부의 셈을 시작하고 나서야 황제는 자신이 무모한 청을 들어줬음을 깨달았다. 황제의 재산이 모두 털려나갔는데, 이 약속은 사실상 그 어떤 권력자도 지킬 수 없는 것이었다. 이 이야기의 몇몇 판본에서는 체스 발명자가 참수되기도 한다. 『제2의 기계시대』[6]라는 저서에서 같은 일화를 언급한 브린욜프슨과 맥아피에 따르면, 이번에는 우리 인류가 이 무한한 가능성의 세계에서 체스판의 후반부에 들어서고 있으며, 황제가 중도까지 다다랐던 그 범위를 우리는 더 이상 헤아릴 수조차 없다.

장기간에 걸쳐 그들이 실행한 조사는 강력한 혁신이 일어나려 하고 있음을 보여주었다. 정보혁명은 신용카드, 전화 교환원이 필요 없는 전화, 무선전화, 평면 TV, 애플의 제품 등을 탄생시켰다. 과거에 농민들은 말에 쟁기를 매달아 끌게 했다. 오늘날에는 GPS의 안내를 받는 트랙터를 몬다. 이제 로펌에서는 컴퓨터를 사용해 법률 문서를 검토한다. 팰로앨토에 위치한 블랙스톤 디스커버리사는 매달 150만 개의 문서 분석 서비스를 10만 달러라는 가격에 제공한다. 외국어 번역은 눈부시게 진보한 또 다른 사례다. 라이언브리지와 IBM이 개발한 기술을 이용하는 번역 솔루션 지오플루언트GeoFluent는 이 복합성의 경계를 극복해낸 것으로 보인다. 90퍼센트의 사용자는 작업과정에 만족한다고 대답했다. 완전히 다른 분야에서 IBM은 슈퍼컴퓨터를 제작했는데, 이 컴퓨터는 주어진 대답에 걸맞은 문제를 찾아내야 하는 「제퍼디Jeopardy」라는 TV 퀴즈쇼에서 인간 라이벌을 상대로 승리를 거뒀다.

우리가 체스판의 후반부에 들어섬에 따라, 컴퓨터의 성능은 끝없이 더 진화하고 있다. 빅데이터로 수집된 데이터는 당신의 구매 내역, 다양한 성향을 모조리 알고 있다. 이제 사생활은 과거의 인권만큼이나 중요한 보호 대상이 되었다.

구글은 미래 기술들에 깊은 족적을 남기는 데 혈안이 된 듯하다. 『르몽드』지는 구글이 진행하는 연구들을 이렇게 요약했다. "눈물의 당도를 측정하는 당뇨병 환자용 콘택트렌즈, 파킨슨병 환자들의 손 떨림을 보정해주는 숟가락, 암세포를 추격하는 나노 입자 등 구글은 맞춤 의학의 첨단에 서기를 바라고 있다. 구글라이프사이언스(구글 지주사 알파벳의 생명과학 부문―옮긴이)의 연구 조직 '구글 X' CEO 앤드루 콘래드에 따르면, 미래 의학이란 환자 데이터의 지속적인 추적을 의미한다."[7] "구글이 죽음을 극복할 수 있을까?"가 『타임』지의 표제로 등장하기도 했다.

구글글래스는 '단순한' 진보들의 상용화 진행형을 보여주는 최초의 사례다. 이 제품은 스크린(2.5미터 거리에서 보는 것과 동일한 시야의 가상스크린)이 항시 장착돼 있으며 이 스크린를 통해 메일이나 뉴스, 위치 정보를 읽을 수 있다. 구글은 도수렌즈가 장착된 모델까지 내놓겠다고 공언했다. 구글글래스는 온갖 유의 스크린에서 이미 넘치도록 이용 가능한 이미지들을 새로운 기기로 읽게 해주는 기발하기만 한 제품을 넘어서서, 눈앞의 대화 상대에 관한 모든 것, 즉 전과나 기밀 정보, 대화하는 순간의 감정 따위를 알게 해줄 것이다. 2010년 10월, 구글은 도요타 프리우스를 개조한 무인 자동차를 미국 도로상에서 사고 없이 20만 킬로미터 이상 달리게 하는 데 성공했다고 발표했다. 구글은 구글맵스와 구글스트리트뷰에서 사용 가능한 데이터 중 상당 부분을 이용했다. 이 무인차로 인한 유일한 사고는 갑자기 초록불이 켜질 때 브레이크를 밟았던 뒤 차량과의 충돌이었다.

'내생적 성장 이론'의 선구자 폴 로머는 다음과 같이 나름의 낙관론을 요약했다. "각 세대는 성장의 한계를 알아차렸고 새로운 아이디어들의 부작용을 아쉬워했다. 그리고 모두가 이 아이디어들의 가능성을 과소평가했다. 우리는 얼마나 많은 아이디어가 아직도 발견되지 않은 채 남아 있는지를 계속 파악하지 못하고 있다. 가능성은 추가되는 것이 아니라, 절로 불어나는 것이다." 새로운 아이디어가 곧잘 이전 아이디어들의 재조합에 불과하다는 사실을 받아들이기만 해도, 가능성은 무한하다는 것이다. 예컨대 로머는 52개의 카드로 이뤄진 게임에서 나올 수 있는 최대의 조합이 8.06×10^{67}(=52! 수학 용어로는 10의 52승)에 달한다고 계산했는데, 이는 우리 은하에 존재하는 원자의 수 정도다.

한편 그 자신이 비관론의 일인자이기도 한 로버트 고든은 각 영역에서 혁신의 종말을 예고했던 모든 사람의 오류를 상기시켰다. 1876년, 웨스턴유니언의 어느 내부 메모는 전화기가 믿을 만한 통신 수단이 되기에는 너무 불편하다고 결론 내렸다. 1927년, 워너브라더스사의 사장은 최초의 유성영화 「재즈싱어The Jazz Singer」가 나오기 1년 전에 이런 말을 남겼다. "배우가 말하는 걸 들으려고 하는 사람이 어디 있겠어?" 1943년, IBM 사장은 전 세계 시장에 컴퓨터를 내놓으면 다섯 대쯤 팔리리라고 예측했다. 1981년 빌 게이츠는 플로피디스크를 지지하며 640킬로바이트면 누구한테나 충분할 것이라고 봤다. 오늘날 가장 용량이 작은 USB 메모리도 그보다 1만 배 이상의 용량을 자랑한다(이제는 킬로바이트의 100만 배에 해당되는 기가바이트로 표시한다). 1992년, 빌 클린턴이 최고의 석학들을 모아 미래를 논했을 때 그 누구도 인터넷을 언급하지 않았다.

역시 신기술에 열광하는 경제사가 조엘 모커의 표현을 빌리면, 디지털 혁명은 '발명' 자체를 재발명하는 중인 셈이다. "거대한 데이터 뱅크들, 복합적 화학 작용의 시뮬레이션, 고도로 복잡한 통계 분석 방식들……. 디지털 혁명은 분자유전학에서 나노과학, 그리고 중세 시 연구에 이르기까지 모든 분야에 편재한다. 연구 대상들은 각자의 특성을 규정하는 양자방정식을 모방함으로써 나노기술 수준으로 발전한다." 모커는 새로운 청동기 혹은 철기를 서슴없이 언급한다. 윌리엄 퍼킨이 우연히 합성 아닐린 염료 '모브'를 발견하거나, 헨리 베서머가 (퍼킨과 마찬가지로 1856년에) '베서머 제강법'을 발명하는 계기가 되었던 초기 수공업과도 이미 거리가 멀다. 모커에 따르면, 오늘날의 관점에서 볼 때 갈릴레이의 망원경과 파스퇴르의 현미경은 석기 시대에 속한 듯 보인다.

그는 '내생적 성장 이론'의 지지자들처럼 인류가 체스판의 후반부에 들어서고 있다고 보는 셈이다.

8. 인간의 노동은 어디로 향하나?

성장률이 추락한 것은 '중산층'의 직종이었다.
1970년 60퍼센트에 달했던 고용률은 2012년
45퍼센트로 급락했다.
서브프라임 사태 이후 이어진 대침체 기간에
중산층의 직종들은 가장 약한 성장세를 보였거나
심지어 일부 국가에서는 마이너스 성장률을 기록했다.
중산층은 산업사회의 발전을 동반했던 관료화
과정을 따라 성장했다. 거대한 비용 절감 운동이
펼쳐지는 가운데, 디지털 사회는 어떻게 보면
이 과정에 대한 일종의 대응인 셈이다.

디지털의 물결이 전 세계로 밀려들어 일자리를 집어삼키고 기업의 운영을 뒤흔들고 있다. 이러한 디지털화는 어디까지 진행될까? 칼 베니딕트와 마이클 오스번은 커다란 반향을 일으켰던 한 연구에서 전체 일자리 중 47퍼센트가 디지털화로 인해 사라질 위기에 처해 있다고 주장했다.[8] 이 도발적인 연구에 따르면, 회계사, 방청객, 판매업자, 부동산 중개업자, 비서, 조종사, 경제학자, 의료 분야 종사자 등이 변화에 직면할 것이다. 가장 위협이 적은 직종은 정신분석학자, 치과의사, 운동선수, 성직자, 작가 등이다. 두 저자는 디지털 소설가는 존재하지 않는다며 우리를 안심시키는데, 왜냐하면 인간은 앞으로도 오랫동안 스스로 허구를 생산해낼 것이기 때문이다.

2004년에 이미 프랭크 레비와 리처드 머네인은 『노동의 새로운 분화The New Division of Labor』라는 중요한 저서를 출간했다. 이 책에서 저자들은 미래에 인간의 일과 컴퓨터의 일이 차지하게 될 비율을 자문했다. 이들의 분석은 '모라벡의 역설'이라는 주장을 근거로 하는데, 뛰어난 감각운동 능력을 필요로 하는 활동이야말로 디지털화에서 살아남을 물리적 활동이라는 얘기다. 컴퓨터가 (체스 게임처럼) 고도의 지능 테스트를 통과하는 일은 꽤 쉽지만, 공차기 대결에서는 두 살짜리 어린애를 이기는 것도 매우 어렵다. 그릇 가장자리에 달걀을 톡톡 부딪혀 깨뜨리는 것처럼 우리가 무의식적으로 할 줄 아는 일들은 체스 게임 한 경기를 코드화하는 것보다 어마어마하게 더 어렵다.

모라벡에 따르면, 이 역설은 진화의 결과에 따른 것일 수 있다. 인간이 감각 및 지각 능력에서 우위를 갖추기까지 수백만 년이 걸렸던 반면, 수학적 추론의 진보는 훨씬 더 최근에 일어났으며 그런 만큼 복제하기가 훨씬 쉽다는 것이다. 그리하여 역사의 놀라운 아이러니 덕분에, 기계에 대한 인간의 비교우위는 초창기에 인류가 그 사촌인 영장류의 우위에 섰을 때 작용했던 바로 그 능력들로 말미암은 것이다. 이 논지를 따라간다면, 컴퓨터는 자발성, 창의성이 주가 되는 업무로 인간을 밀어내고 있다. 과거 전기의 시대와 라인 공정이 정반대 경향을 요구했던 것과는 아주 딴판이다.

예컨대 베니딕트와 오스본은 컴퓨터가 그럴싸한 농담을 생각해낼 수 있는지를 (비꼬듯이?) 자문해봤다. 컴퓨터가 세련된 농담을 구사하는 수준에 이르려면, 기존에 존재하는 농담을 모두 망라한 거대한 색인을 갖춘 후 그중 유효하지 않은 농담들을 걸러내는 알고리즘을 갖춰야 한다. 이 과정이 당장에는 가능할 것으로 보이지 않는다. 마찬가지로, 사회적 혹은 정서적 지능을 요하는 업무들은 아직 디지털화될 준비가 돼 있지 않다. "인간 뇌의 스캔화 및 지도화, 디지털화는 하나의 가능성이지만 현재로서는 그저 이론적 수준에만 머물러 있다." 저자들은 다음과 같이 독자를 안심시킨다. 거대한 데이터 뱅크 덕분에 비반복적 업무의 다수가 디지털화될 수 있기는 하지만, 사고능력과 조작능력을 아울러야 하는 업무나 창의적, 사회적, 정서적 지능을 요하는 업무는 당장으로서는 디지털화로부터 안전하다고 말이다.[9]

표류하는 중산층

데이비드 오토는 모라벡의 역설을 고찰한 끝에, 이 같은 정보 커뮤니케이션 기술의 급부상으로 인해 왜 중산층이 쇠퇴 경향을 보이는지를 입증했다.[10] 행정 업무, 타업무의 통제, 중간 관리 등은 컴퓨터의 능력이 인간의 능력을 넘어서는 분야다. 예컨대 오토는 미국의 직종을 세 가지 레벨로 분리했다. 레벨 1은 경영자, '전문가'와 '상급 기술자'로 구성된다. 레벨 2는 관리감독, 행정직, 숙련노동자 등 사회 위계질서에서 중간층에 위치한 직종들로 구성된다. 레벨 3은 대면 서비스직과 요식업 종사자 등이 주를 이루는 최저임금 직종들로 구성된다.

오토의 결론은 무엇이었을까? 서브프라임 사태가 발생한 이후 미국이 대침체를 겪기 바로 직전, 레벨 3의 직종들은 1999~2007년 동안 두 자릿수의 성장세를 기록했다. 성장률이 추락한 것은 '중산층'의 직종이었다. 1970년 60퍼센트에 달했던 고용률은 2012년 45퍼센트로 급락했다. 비단 미국에만 국한된 현상은 아니다. 또 다른 연구는 이들 직종의 고용률이 프랑스에서 1993년부터 2010년 사이에 9퍼센트, 덴마크와 영국에서는 10퍼센트(그리고 독일에서는 7퍼센트) 추락했음을 보여주었다.[11] 서브프라임 사태 이후 이어진 대침체 기간에 레벨 2의 직종들은 가장 약한 성장세를 보였거나 심지어 일부 국가에서는 마이너스 성장률을 기록했다. 따라서 데이비드 오토는 비숙련직보다는 중간직의 고용률이 더 감소한다는 명백한 결론에 다다랐다. 중산층은 산업사회의 발전을 동반했던 관료화 과정을 따라 (민영 부문이나 공공 부문을 막론하고) 성장했다. 거대한 비용절감cost-cutting 운동이 펼쳐지는 가운데, 디지털 사회는 어떻게 보면 이 과정에 대한 일종의 대응인 셈이다.

레벨 3 직종의 성장이 계속된다는 사실은 이들의 임금 역시 상승한다는 결론으로 이어질 수 있다. 그렇지만 사회적 지위가 격하 중인 중산층이 가하는 압력이 이를 막고 있는 실정이다. 반대로, 소득 사다리 위쪽으로 올라가보면 소득 상위 1퍼센트가 받는 임금의 급상승은 고용과 관련하여 역경향을 거의 촉발하지 않았다. 어째서 레벨 2의 임금생활자 중 극히 일부조차, 가장 많은 임금을 받는 레벨 1의 수준으로 올라가지 못하는 것일까?

첫 번째 답변은 새로운 대학생 집단이 최상위 직종에 대거 지원하기까지 시간이 걸린다는 것이다. 미국에서 이 답변은 놀라울 정도로 취약하기 짝이 없다. 어쩌면 레벨 2의 일자리가 줄어들었으니, 석박사 과정에 진학하려 했던 대학생들이 모순되는 신호를 받았기 때문인지도 모른다. 그러나 '승자독식' 개념에 기반을 둔 또 다른 설명도 있다. 후기 산업자본주의 체제에서 임금 책정 방식은 '최강자'에게 전부를, 2위에게는 아무것도 주지 않는 경향이 있다. 그것이 1980년대 초 미국의 셔윈 로젠, 프랑스의 프랑수아즈 베나무가 분석했던 '스타 시스템', 다른 이름으로는 '파바로티 효과'라 불리는 현상이다. 최고의 아티스트가 낸 앨범 말고 다른 앨범을 살 이유가 어디 있겠는가? 이 현상은 박물관, 책, 스포츠, 의사, 변호사, 심지어는 경영자에 이르기까지 사회 전 분야에서 관찰된다. 과잉으로 점철된 정보화 사회는 '평판의 경제 reputation economy'를 탄생시키고, 이 체제는 최고로 간주되는 누군가의 임금을 대폭 인상시키는 역할을 한다. 정확한 메커니즘이야 어떻든 간에, 그 결과는 돌이킬 수 없다. 고용계의 양극단에서 어마어마한 불균형이 생겨나, 임금은 끝없이 올라가고 일자리는 한없이 줄어드는 것이다. 그중 사라지는 것은 가운데의 중산층이다. 중산층의 존재가 구현해내는 민주주의적 이상은 이것으로부터 깊은 영향을 받게 된다.

9. 성장이 자취를 감추다

이러한 변화는 좋은 소식과 나쁜 소식을 동시에
예고한다. 인터넷은 무료 서비스를 제공하며,
이는 구매력에 좋은 소식이다. 나쁜 소식은
고용을 창출하지 못한다는 것이다.
오늘날에도 여전히 구글, 페이스북, 트위터의 채용
인원은 여느 자동차 기업 수준의 3분의 1에 불과하다.
경제학자 에드워드 글레이저는 다음의 한 문장으로
현 상황을 완벽하게 요약했다. "초고소득을 올리는
소수의 인원이 빈민층의 소비재를 무료로 만들려고
열심히 노력하는 식으로 만사가 진행된다."

세계는 과거에 '완전 전력 사용'으로 들어섰던 것처럼, 이제는 '완
전 디지털화'의 시대로 들어서고 있다. 그렇지만 우리 시대의 핵
심적인 역설은 디지털 혁명의 약속이 수치화된 경제성장으로 나
타나지 않는다는 것이다. 선진국의 성장률은 거듭 감소하는 중이
다. 지난 30년간 유럽의 1인당 국민소득 상승률을 살펴보면, 1970
년대에 3퍼센트, 1980년대에 1.5퍼센트, 2001년부터 2013년 사
이에는 0.5퍼센트로 하락했다.[12] 미국의 1인당 국민소득은 동기

대비 인구 90퍼센트에 대하여 아예 상승하지 않았다.[13]

기술적 관점으로 보자면 이미 한번 경험했던 길이지만, 그래도 그 영향은 여전히 상당하다. 사무실에 최초로 컴퓨터가 도입되었을 당시, 비서과는 오늘날의 기준으로 완전히 시대에 뒤떨어진 일을 했었다. 오타 하나 없이 수천 페이지의 문서를 손수 타이핑해야 했고, 정보 데이터들은 펀치카드상에 보관되었다. 음악은 LP로 들었으며 성냥갑만 한 크기의 물건에 수천 개의 곡을 담을 수 있으리라고는 그 누구도 상상하지 못했다. 우편으로 편지를 보내면 며칠 후에 답장이 돌아왔다. 중요한 전화를 받으려면 전화기 앞에 온종일 앉아 기다려야 했다. 이 모든 변화를 고려하면, 1960년대가 석기시대처럼 보이는 것은 당연하다. 하지만 IBM사의 첫 PC가 보급된 이후 지나간 시간들은 경제적 측면에서 딱히 두드러지는 것이 없었다. 선진국 주민 대부분에게는 소득 정체가 규칙처럼 되어버렸다.

경제학자 로버트 고든은 '내생적 성장 이론'의 팽창주의적 이념들에 대항하는 지적 캠페인의 선두에 섰다.[14] 고든은 아이러니하게도 1950~1960년대의 과학소설에서 예상되었던 대변혁 중 그 어느 것도 실현되지 않았다는 점을 지적한다. 우리는 평소 비행체를 타고 이동하지 않으며, 텔레포트도 존재하지 않고, 화성을 정복하지도 않았다. 20세기의 비범한 혁신들과 마주하여, 오로지 스마트폰만이 과거의 충격에 비견될 만큼 근원적인 혁신처럼 보인다. 고든은 인터넷 버블이 독보적인 사건이기는 했으나 그 영향은 이미 사라졌다고 본다. "삶은 더욱 윤택해진 데다 소비할 물건은 더 많아졌지만, 물질적 진보의 속도는 지난 두 세대 혹은 세 세대 동안 경험했던 것에 비해 더뎌졌다."

고든은 20세기의 흐뭇하기 그지없는 성장이 21세기에는 반복되지는 않을 것이라는 견해를 극단으로 밀고 나갔다. 교통수단을 예로 들면서 1958년 이후 교통수단들의 속도가 정체되었거나 심지어는 느려졌다고 지적했다. 비행기는 40년 전보다 더 빨리 날지 않는다. 과거에 비해 연료 소비량과 소음이 적어지긴 했지만, 그렇다고 비행기 자체가 유발하는 공해를 바로잡았다는 뜻은 아니다. 새로운 요구를 만족시키는 것과는 다른 차원의 얘기라는 것이다.[15]

고든에 따르면, 사회의 정보화는 규모가 상당하나 일시적인 동요만을 만들어냈다. 소비자 관점에서 위대한 발명은 스티스 잡스라는 인물과 그의 아이팟, 아이폰, 아이패드 시리즈를 중심으로 돌았을 뿐이다. 이 발명품들은 근사한 외관에 손에 쏙 들어올 만큼 작아졌고 유희적 기능을 지녔으나, 그 영향력은 이전의 발명품들과는 비교할 수 없는 수준에 불과했다. 앞선 두 차례의 산업혁명은 그 성장 잠재력이 사라지기까지 거의 1세기가 걸렸으나, 이번 정보혁명의 잠재력은 훨씬 더 빨리 사라지는 중이다. 고든은 다음과 같이 도발적인 주장을 펼쳤다. 대중 소비라는 20세기적 의미로서의 성장 개념은 우리가 현실을 받아들일 준비조차 되어 있지 않은 가운데 눈앞에서 사라져가는 중이라고.

지난 50년간 프랑스의 전반적인 소비 경향 변화를 살펴보면, 사실상 그다지 충격적이지 않은 변화를 발견하게 된다. 여가비는 커뮤니케이션 관련 지출을 포함하여 10퍼센트에서 16퍼센트로 증가했다. 그러나 식비, 주거비, 의복비, 교통비는 여전히 소비의 대부분을 차지하는 데다, 가장 주요한 변화는 과거 식비에 할애되었던 몫이 감소하며 이것이 주거비 몫으로 이동했다는 것이다.

지난날 혁신의 물결로 촉발된 혁명이 이끌어낸 변화는 눈부시기 그지없었다. 1880년부터 1940년 사이, 세상은 진정으로 변모했다. 1876년에 그레이엄 벨은 전화를 발명했다. 1879년에 에디슨은 전구를, 카를 벤츠는 내연기관을, 이후 1895년에 뤼미에르 형제가 영화를, 1901년에 마르코니가 무선전신을 발명했다. 전기의 등장으로 가능해진 엘리베이터, 가전제품, 에어컨 같은 발명품들은 인류의 생활 기틀을 뒤흔들었다. 이 모든 발명품을 적어도 미국 도심지역에서는 1929년부터 심심찮게 볼 수 있었다.

하수시설은 1870년부터 1900년 사이에 자리 잡았는데, 이 짧은 기간에 보급률이 열 배로 증가했다. 1890년부터 1900년 사이에 시카고 지상전철과 뉴욕 지하전철은 도심의 지리를 완전히 바꿔놓았다. 미국에서 자동차는 농촌 소외 현상을 그리고 도시 외곽지역의 빠른 발전을 끝맺는 역할을 했다. 1946년에는 최초의 TV 프로그램이 보급되었다. 여기에 철도, 증기기관, 전보, 전화, 트랙터와 비료를 이용한 농업생산성 증가와 같은 20세기의 혁신이 가져온 발전들을 덧붙인다면, 유럽 국가 및 그 도심지역을 휩

쓴 광풍이 어느 정도인지 짐작할 수 있을 것이다.

이 거대한 변혁들은 20세기 동안 미국에서는 1인당 소득의 연평균 2퍼센트 상승률이라는 수치로 나타났다. 고든은 21세기에는 소득성장률이 최소한 미국 중산층의 경우 (훨씬) 더 미미할 것이라고 봤다. 그의 핵심적인 결론은 지난 40년간(1972~2014)의 성장이 새로운 기준이 되었다는 것이다. 1973년 이후로 관찰된 '저속'의 성장 속도는 사실상 평균으로 되돌아가는 것이나 다름없다. 19세기 말부터 1920년대 사이를 지배했던 느린 성장 속도처럼 말이다.[16]

다시금 반등이 가능할까? 『제2의 기계시대』의 저자들이 예고했던 바처럼 우리는 체스판의 후반부에 들어서는 중일까? 조엘 모커 같은 기술 찬양론자들은 과학의 진보를 예상할 수 없다는 점을 상기시키곤 한다. 1820년에 현미경이 발명되지 않았더라면 파스퇴르는 세균 이론을 발견하지 못했을 터였다. 월드와이드 웹은 구글 덕분에 단순히 편리한 이메일 작성 도구 이상의 것이 될 수 있었다. 조엘 모커의 이 같은 주장에 대해, 고든은 쥘 베른 같은 예언자적 작가들이 미래세계를 얼마든 예측했노라고 대답한다. 더 아이러니하게도, 그는 1900년에 발간된 『레이디스 홈저널Ladies Home Journal』이라는 잡지를 인용하는데 이 잡지는 에어컨, 자동차, 냉장고 등 추후 발명될 제품을 상당수 예측했다.

고든은 쥘 베른처럼 미래를 예측하려는 시도에서 가장 자주 재론될 목록은 보건, 미니어처 로봇, 3D 프린터, 빅데이터, 무인 자동차와 관련 있다고 지적했다. 보건 분야에서 21세기는 정신질환(알츠하이머)이나 전염성 질병(에이즈 백신)에 대한 진보를 담보한다. 문제는 이런 진보를 등한시하는 것이 아니라, 그것이 사회 전체에 야기할 가능성을 이해하는 것이다. 기술낙관론자들은 미래의 혁명을 예고하지만, 이미 발생한 혁명에는 더없이 신중한 태도를 견지한다. 고든은 지난 30년간의 속도로 혁신이 계속되었다면 이미 더할 나위 없었겠지만, 문제는 그대로 남아 있다고 말한다. 그렇더라도 상향세의 성장이 예측되지는 않는다는 것이다.

GDP로의 회귀

논의의 또 다른 국면은 GDP의 산출 방식에 관한 것이다. 디지털 혁명에 따른 이득 대부분은 무상 이득이며, 통계상에 들어가지 않는다. 따라서 성장을 제대로 산출하지 못한 것이다. 경제발전 전문가 앵거스 디턴 또한 스마트폰을 소지할 수 있다는 사실, 100여 개의 TV채널을 자유로이 돌릴 수 있다는 사실, 혹은 24시간 운영되는 ATM 기기를 사용할 수 있다는 사실에 따른 이득이 과소평가되었다고 지적했다.[17] 디턴의 부모가 캐나다나 호주로 이민 가기 위해 고향 스코틀랜드를 떠났을 때만 해도, 언젠가 친척들을 다시 볼 수 있으리라고는 생각지 못했다. 오늘날 교통커뮤니케이션의 혁명은 이러한 이별을 훨씬 덜 고통스럽게 만들어주었다.

이 같은 반박에 고든은 GDP가 언제나 과소평가되었다고 대답했다. 자동차는 1935년에야 미국의 물가지수에 등장했다. 전기, 엘리베이터, 지하철, 자동차의 마차 대체 등 도시의 삶에 혁명을 일으켰던 이 모든 위대한 혁신은 그 설치 비용과 관련된 부분을 제외하면 그 자체로는 GDP에 나타나지 않았다.

그렇지만 통계적 문제를 넘어서는 현대세계의 주요한 측면이 하나 존재한다. 위키피디아 같은 온라인 백과사전, 구글에서 수집되는 데이터, 페이스북을 통해 소통하는 즐거움 등은 무료이거나, 유료 가입이라 하더라도 광고나 고객 정보 수집을 통해 구경제에 발생시키는 '무역굴절현상'으로밖에는 산정되지 않는다.

이러한 변화는 좋은 소식과 나쁜 소식을 동시에 예고한다. 인터넷은 무료 서비스를 제공하며, 이는 구매력에 좋은 소식이다. 나쁜 소식은 고용을 창출하지 못한다는 것이다. 오늘날에도 여전히 구글, 페이스북, 트위터의 채용 인원은 (세 회사를 다 합쳐도) 여느 자동차 기업 수준의 3분의 1에 불과하다. 경제학자 에드워드 글레이저는 다음의 한 문장으로 현 상황을 완벽하게 요약했다. "초고소득을 올리는 소수의 인원이 빈민층의 소비재를 무료로 만들려고 열심히 노력하는 식으로 만사가 진행된다."[18]

논의의 또 다른 국면은 공공 부문의 고용에 관한 것이다. GDP는 공공 부문 고용의 비용을 산정하며, 병원에서 근무하는 의사가 국가 자산에 기여하는 몫은 그의 임금에 비례한다. 그게 전부다.[19] 이 의사가 실현시킨 평균 수명의 연장은 생산성 산출 과정에 절대 포함되지 않는다.[20] 교사나 박물관 관리인의 경우도 마찬가지다. 이러한 사실이 실질 GDP를 과소평가한다고 그 누구도 설명하지 않으며, 또 혹자는 아예 반대의 얘기를 한다.

그렇지만 이것은 근본적인 주안점이 아니다. 현대세계의 최첨단 분야들은 용어가 지닌 관습적 의미의 상업계를 벗어나 있다. 무상이 당연한 규범으로 자리잡은 디지털 분야나 대부분 공공 분야에 속하는 교육, 보건이 그렇다. 이는 통계적 산정에 대한 문제 제기라기보다는 정치적 문제, 정부 신뢰에 관한 문제인 셈이다.

10.

할리우드에 간
마르크스

미국은 두 나라가 한 나라를 이루고 있다.
그중 한쪽은 아시아형 성장세를 보이는데,
최상위 부유층 1퍼센트의 성장률은 지난 30년 전부터
연간 약 7퍼센트를 기록 중이다. 다른 한쪽,
즉 나머지 99퍼센트의 인구는 1~1.5퍼센트에
해당되는 '유럽' 수준의 성장을 경험한다.
하위 90퍼센트에 해당되는 가구로 내려가면,
성장률은 전무하다.

고든의 비관론은 맬서스에서부터 존 스튜어트 밀을 거쳐 마르크스에 이르기까지 성장이 고갈되는 '정체 상태'를 예고했던 전통적 경제학자들의 위대한 전통에서 그 명맥을 이어간다. 마르크스는 빈곤의 인구론이라는 맬서스의 설명을 받아들이지 않지만, 그중 주요한 결론을 이어받았다. "임금률이 어떻든 간에, 자본이 축적됨에 따라 노동 환경은 악화될 수밖에 없다." 마르크스에 따르면, 빈곤은 생물학적 현상이 아니라 사회적 현상이며, 기계는 자본가가 노동자를 빈곤 상태로 유지시키기 위해 보유한 압력 수단이었다. 경제학의 대가 데이비드 리카도는 1817년 출간작 『정치경제학 및 과세의 원리에 대하여On the Principles of Political Economy and Taxation』에 한 장章을 추가해 노동 수당에 기계가 미치는 양가적 영향을 보여주었다.

기계에 대한 공포는 그 기원이 오래전으로 거슬러 올라간다. '백성의 밥벌이를 뺏고 싶지 않아' 기둥을 들어올리는 기계를 금지했던 로마 황제 디오클레티아누스에서부터, 1811년 자신들의 일자리를 위협하는 방적기를 부쉈던 러다이트 운동 주모자들에 이르기까지, 이 분야를 우려했던 이들의 목록은 기나길다.[21] 20세기 후반의 경제학자들은 이러한 우려를 잠재우려 노력했다. 성장 이론의 대가 로버트 솔로가 이끄는 이 경제학자들은 기계가 노동자의 생산성을 향상시키고 노동자가 그 성장의 결실을 향유하게 해준다고 주장했다. 기계화가 절정에 달했으며 실업률이 최저치를 기록했던 '영광의 30년'(전자화와 정보 발달이 특징인 '제3차 산업 혁명'이 도래하여, 1945~1975년 프랑스의 가계 소비가 무려 2.7배나 증가한 시기―옮긴이)은 기계화의 잠재적인 효용을 보여주는 사례다.

그렇지만 성장 이론가들의 사유는 기계가 노동의 '보완재'라는 근본적인 가설을 기반으로 한다. 커피와 설탕처럼, 최종 생산물에 두 가지 다 필수적인 경우 보완재 관계에 있다고 말한다. 차와 커피처럼 둘 중 하나를 고를 수 있는 경우 대체재 관계라고 말한다. 모라벡의 역설과 관련된 고찰들은 그 자체만으로도 기술적 진보의 근본적인 성질이 변화했음을 보여준다. 이 사유들은 사실상 기계와 노동자 둘 중 하나를 선택해야 하는 것처럼, 사실상 기계가 노동자를 대신할 수 있다는 점을 이해하려 했다. 설탕이 커피에 해주는 역할처럼, 기계가 고용의 효율을 증가시키는 대신 고용 자체를 대신하는 상황을 보여주었던 것이다.

경제학자 데이비드 오토는 반어적으로 이렇게 강조했다. 어느 앙케이트 조사에 따르면, 63퍼센트에 이르는 대부분의 경제학자는 '자동화automation'가 실업의 원인이 아니라고 말하지만, 43퍼센트는 정보 커뮤니케이션 관련 신기술이 미국 내 임금 정체 현상의 원인이라는 견해에 동의한다고(그리고 30퍼센트는 확신이 없다고) 답했다고 말이다. 브린욜프슨과 맥아피 역시 말하듯이, 경제학자들은 '떳떳치 못한 작은 비밀'을 (스스로에게조차) 숨기고 있다. 그 비밀이란, 기술적 진보의 덕을 모두가 향유할 것이라는 주장을 그 무엇도 장담하지 못한다는 것이다.

모델 A/B

기계의 파괴적 역할은 종종 실업의 관점에서 분석되었다. 기계는 노동자를 대체하며, 따라서 노동자는 할 일이 전혀 없는 운명에 처한다. 사회에서 제공 가능한 일자리의 최대 총량이 있기에 기계 사용이 점차 줄어들 것이라는 주장은 쉽사리 반박 가능하다.**22** 기술적 진보는 구매력을 창출하여 새로운 일자리에 보수를 제공해준다. 알프레드 소비는 저서 『기계와 실업』**23**에서 이 문제를 좀더 적절하게 '방출dévèrsement'의 문제로 다루었다. 노동은 기계가 노동하는 부문에서 기계가 노동할 수 없는 부문으로 옮겨가기 마련이라고 말이다. 과거 일자리를 찾아 농촌 인구가 도시로 이동했던 것처럼, 이러한 이동은 오랜 시일이 걸리고 어려운 일이 될 수 있지만 불가피한 현상이다. 오늘날에는 노동이 디지털 형식으로 체계화될 수 있는 '모라벡-호환성'의 일자리에서 그렇지 않은 일자리로 이동해야 한다고들 말한다. 하지만 이제는 질문이 이렇게 바뀌었다. 살아남은 일자리들이 기술적 진보로부터 벗어난 일자리라면, 경제성장의 잠재력은 무엇이 될 것인가? 여기서는 소비에의 영감을 받은 단순화된 모델을 분석해 이 질문에 대답해보자.

애초 동등한 규모의 두 가지 부문으로 구성된 경제체제가 있다고 가정해보자. 이 체제의 절반은 100명의 노동자를 고용하는 A 부문에서 일하고, 나머지 절반은 마찬가지로 100명의 노동자를 고용하는 B 부문에서 일한다. 이제는 거대한 기술적 충격으로 A 부문의 일자리가 전부 다 파괴되었다고 가정해보자(베네딕트와 오스번에 따르면 이는 대략 디지털 혁명으로 인한 결과의 규모와 비슷하다). A 부문에 고용된 인구는 B 부문으로 이동해야 한다. 따라서 이동이 완료되고 나면 B 부문의 규모는 두 배로 늘어난다. 20

세기 동안 농업이 소멸하고 산업이 부흥했던 시기나, 이후 산업직이 사라지면서 서비스직이 급증했던 시기의 충격을 떠올려볼 수 있겠다. 이 같은 '방출'의 결과를 어떻게 분석할까? 성장과 분배의 관점으로 볼 때 이러한 경제체제의 속성은 무엇인가?

우리의 사례에서 수치를 대략 결정하기 위해, A 부문에서 B 부문으로의 일자리 이동 과정이 50년에 걸쳐 실현되었다고 가정해보자. 이는 1980년부터 2030년까지 시행되는 이동과 비슷한 셈이다. 이 기간에 경제체제의 절반을 차지하는 A 부문은 생산성의 무한 증가를 기록한다. 100명의 사람이 했던 일이 이제는 오로지 프로그램을 활용해서 실현되니 말이다. 이 기간의 평균 성장은 어느 정도일까? 기술적 충격이 있기 이전, A 부문과 B 부문의 노동자들은 각기 하나의 GDP 단위를 생산했다고 가정해보자. 따라서 처음에는 200단위에 준했다. 50년 후에는 어떻게 될까? A 부문은 노동자 하나 없이 원래의 100단위를 생산하고, 규모가 두 배로 늘어난 B 부문은 이제 200단위를 생산한다. 따라서 GDP는 처음의 200단위에서 50년 후 150퍼센트 증가하여 도합 300단위로 늘어난 셈이다. 미미한 정도는 아니지만, 연간 0.8퍼센트의 상승률에 해당되는데 이는 고든의 비관론적 시나리오와 거리가 크게 멀지 않다.

어떻게 이런 일이 가능할까? 경제체제의 절반이 생산성의 무한 상승을 경험하는데도 결국 연평균 성장률은 1퍼센트에도 미치지 못한다니 말이다! 이러한 실망스러운 결과는 한 가지 핵심적인 요인에서 기인한다. 우리는 이 사례에서 효율성의 증대가 모두 A 부문에서 일어나는 반면, B 부문의 노동자들은 생산성의 증대를 전혀 경험하지 못한다고 가정했었다. 이 사례에서 프로그램은 인간을 순전히, 그리고 간단히 대체하지만 이동된 노동자들은 더이상 생산적이지 않은 것이다. 16세기의 정치사상가 장 보댕은 "사람이야말로 진정한 자산"이라고 말했다. 인류의 개인적 생산성이 향상되지 않는다면, 성장은 필연적으로 미미할 수밖에 없다.

디트로이트에서 할리우드로

경제학자 윌리엄 보몰은 알프레드 소비와 굉장히 유사한 모형을 통해 공연 예술계의 위기를 설명했다.[24] 1960년대에 연극배우, 무용가, 오케스트라 연주자들은 생산성이 훨씬 더 높은 문화 산업과 강렬한 경쟁을 겪었다. 최고의 마에스트로가 취입한 음반이 전 세계로 퍼져나갔고, 텔레비전에 방영되는 영화는 예산 변화가 전혀 없이 수백만 가구에 노출되었다. 우리의 예시 속 A 부문이 여기서는 할리우드다. 텔레비전이나 케이블을 통해 모든 가정에 거의 무료로 들어갔던 문화 상품의 세계에 일부 스타와 영화 제작사가 범람했다. 반면 라이브 공연, 연극, 무용 등을 펼치던 통상적인 배우들은 생산성의 증대를 전혀 경험하지 못했다. 연극 「리처드 3세」를 상연하는 팀은 '왕들의 죽음에 관한 슬픈 이야기'

를 전하는 데 어제나 오늘이나 똑같은 비용에 맞닥뜨린다. 서로 대체가 가능하지만 하나는 저렴하고 다른 하나는 비싼 이 두 가지 문화 상품 앞에서, 소비자들은 그리 오래 망설이지 않기 마련이다.

이 도식에서는 할리우드 스타들이 연극배우들을 빈곤케 하는 역할을 한다. 이 스타들은 A 부문의 프로그램처럼 노동자 없이 재화를 생산시키는 기술의 전형이다. 반면 연극배우들은 기술 없이 재화를 생산하는 노동자의 전형이라 할 수 있겠다. 여기서 자본가는 기술적 진보를 통솔하는 스타다. 프롤레타리아는 경쟁에 노출되어 대부분 카페 점원이나 강사직 같은 또 다른 일자리를 찾아야 하는 연극배우다.[25]

이러한 상황은 농업에서 산업으로의 일자리 이동과는 완전히 딴판이다. 1900년 미국에서는 경제활동 인구 중 40퍼센트가 농업 부문에서 일했는데, 오늘날은 2퍼센트에 불과하다. 이러한 이동은 성공적인 '방출'의 모델이다. 왜 성공적인지가 이해되는데, 우리 사례 속 A 부문에 해당되는 농민들이 B 부문인 산업직으로 이동했지만 제시된 사례와는 달리 이 B 부문 자체가 생산성 증대의 국면에 들어서 있었기 때문이다. 이처럼 20세기의 혁명은 농업 생산성과 이를 교대한 산업 생산성이라는 두 가지 활력이 병합된 것이었다.

우리가 오늘날 경험 중인 이동은 이와 다르다. 노동자들은 (대부분이) 이미 산업 부문에서 서비스 부문으로 옮겨갔고, 바로 이 서비스 부문 내에서 모라벡의 역설이 그들에게 내맡긴 일자리를 향해 이동이 이뤄지는 중이다. 문제는 이 이동한 노동자들이 어떻게 되느냐다. 예컨대 피자 배달부 일자리처럼 이들의 생산성이 정체된다면, 그 결과는 불 보듯 뻔하다. 성장 잠재력이 상당히 감소하는 것이다.

또한 모델 A/B는 왜 성장이 느리기만 할 뿐 아니라 잠재적으로 매우 불공평한지도 설명해준다. 가령 프로그램 기획자들이 A 부문에서 나온 이윤 전체의 소유권을 갖게 되었다고 가정해보자. 그 경우 노동자의 임금은 정체된다. 이 노동자들은 과거에도, 이후에도 200단위를 생산했다. 만일 A 부문에서 발생한 가치가 프로그램 기획자들의 손아귀에 남아 있다면, 임금소득 상승은 절대 불가능하다. 그 경우 A 부문의 막대한 이윤, 즉 보몰의 모델에서는 할리우드 슈퍼스타들이 차지하는 이윤이 전체 GDP의 3분의 1 수준까지 올라갈 수 있다(전체 300단위에 해당되는 국부 중 A 부문의 100단위). 이 기획자들이 그중 일부, 예컨대 절반만 가져간다고 가정하더라도, 자산이 수백억 원대에 이르는 부자를 일컫는 '슈퍼리치super-rich'의 이윤 상승은 GDP를 15퍼센트 증가시키고, 그들을 제외한 경제 전반의 성장률은 연간 0.4퍼센트에 불과하다. 이 결과는 미국 경제 상황의 실질 수치에 매우 근접해 있다.

실제로, 미국은 두 나라가 한 나라를 이루고 있다. 그중 한쪽은 아시아형 성장세를 보이는데, 최상위 부유층 1퍼센트의 성장률은 지난 30년 전부터 연간 약 7퍼센트를 기록 중이다. 다른 한쪽, 즉 나머지 99퍼센트의 인구는 1~1.5퍼센트에 해당되는 '유럽' 수준의 성장을 경험한다. 하위 90퍼센트에 해당되는 가구로 내려가면, 성장률은 전무하다.[26]

자본

디지털 기술의 영향력은 자본의 핵심적 개념을 숙고하도록 이끌었다. 그리고 오늘날 자본은 토마 피케티가 장렬한 연구 끝에 모은 데이터를 통해 다시금 무대 한가운데로 올라왔다.[27] 최근 들어 두 가지 현상이 겹쳐서 나타났는데, 특히 미국을 흥분의 도가니로 몰고 간 임금 불평등의 심화, 그리고 대부분의 국가에서 관찰되는 금융자산의 증가가 바로 그것이다. 이 두 가지 현상이 서로 연관되어 있음은 의심할 여지가 없는 사실이나, 문제는 대체 어떤 인과적 사슬로 얽혀 있는가를 알아내는 것이다.

우리는 현재 작동 중인 메커니즘을 다음과 같이 해석할 수 있다. 소득 불평등의 심화는 자산을 축적하는 새로운 부유층의 등장을 가능케 한다고 말이다. 이 자본은 노동자에게 파괴적인 힘으로 작용한다. 마르크스가 분석한 메커니즘에 따르면, 자본은 노동을 빈곤화한다. 자본가가 사들인 기계가 노동자에게 압력을 가한다는 것이다. 그렇지만 이 해석은 다음과 같은 문제를 지니고 있다. 불평등의 심화 현상이 미미한 나라를 포함하여, 자산 증가 경향은 도처에서 나타난다는 것이다. 예컨대 1980년부터 2010년 사이 미국에서는 최상위 1퍼센트가 차지하는 소득이 전체 중 7퍼센트에서 20퍼센트로 급증한 반면, 같은 기간에 프랑스에서는 7퍼센트에서 8퍼센트로 미미하게 늘어났을 뿐이다. 반대로 자산 비율을 (GDP 대비 퍼센트로) 살펴보면, 미국은 380퍼센트에서 430퍼센트로 한정적으로 증가했지만 프랑스는 360퍼센트에서 600퍼센트로 급증했다. 이러한 놀라운 역설을 어떻게 이해해야 할까?

그 해답은 자산의 핵심 요소 중 하나인 '부동산'에 담겨 있다. 경제학자 에티엔 와스메와 공동 저자들은 피케티의 데이터를 인용하여[28] (임대료 상승에 비해) 주택 가격의 상승이야말로 자산 급증의 주원인이지, 자본의 내생적 수익성이 원인이 아니라는 점을 보여주었다. 부동산 버블이 미국에서는 폭락했지만 프랑스에서는 그렇지 않았다는 점을 감안할 때, 프랑스의 부동산 가치가 훨씬 더 높다. 반대로, 두 나라 모두 기업에 투자된 자본은 부가가치의 굉장히 안정적인 부분으로 남아 있는데, (대부분의 국가와 마찬가지로) 두 나라 모두 GDP의 200퍼센트 선에 이른다. 디지털화가 증대 중인데도 생산자본의 가치는 증가하지 않는데, 왜냐하면 저렴하다는 것이야말로 바로 이 신기술의 특성이기 때문이다.

그렇다면 세계적인 디지털화, 불평등, 자산 증대라는 이 세 가지 현상의 연결 고리를 확립하는 일을 단념해야 할까? 아니다. 하지만 해석을 수정해야만 한다. 자본이 노동자를 빈곤화하는 것이 아니라, 노동자의 빈곤화가 자산 버블을 이끌어내는 것이다. 추가적인 개념을 살펴보면서 이러한 고찰을 다시 한번 짚어보자.

구조적 장기침체

미 국가경제위원회 의장 출신으로 하버드대 교수직에 재임 중인 경제학자 래리 서머스는 2013년 11월 국제통화기금 총회에서 '구조적 장기침체secular stagnation'라는 용어를 제기하여 큰 반향을 불러일으켰다. 이 용어는 미국 경제학자 앨빈 핸슨이 미국경제학회 회장으로 선출된 직후 1938년에 했던 강연의 제목에서 빌려온 것이다. 핸슨은 미국의 인구 증가 둔화가 가정의 구매 수요로 나타나는 원동력을 떨어뜨리며 경제성장을 둔화시키는 주범이라고 봤다. 미국에 케인스 사상을 들여온 것으로 유명한 핸슨은 기나긴 경기침체와 디플레이션을 피하려면, 높은 수요를 통한 강력한 지원이 필요하다고 결론 내렸다.

서머스가 내놓은 분석의 출발점은 이와 마찬가지로 디플레이션의 위험, 더 정확히 말하면 인플레이션의 종말이다. 1970년 석유 파동 이후 통화 당국이 가장 우려했던 사안인 인플레이션은 돌연 종적을 감추었다. 이 현상은 여러 가지로 설명할 수 있는데, 가장 직접적인 원인은 전 세계의 디지털화와 그에 따른 (관습적) 노동의 고용 불안정화로 인해 전반적인 임금에 하락세의 압력이

가해졌던 것이다. 인플레이션은 통화 정책에 따른 현상이라기보다는 보통 임금에 관련된 현상일 때가 많다. 인플레이션이 미미할 경우, 통화 당국은 성장 활성화를 위해 금리를 낮추는 자유방임적 정책을 펼쳐야 한다. 그런데 문제는 금리를 0퍼센트 이하로 낮출 수는 없다는 것이다. 바로 이것 때문에 서머스가 통화 정책으로 더는 경제를 부흥시킬 수 없다는 미증유의 신호인 '구조적 장기침체'가 돌아온다고 예고했던 것이다.

또한 저금리는 금융 버블을 일으킬 수 있다는 문제가 있다. 다시 주택 문제를 예로 들어보자. 금리가 내려가면, 부동산 대출 비용 역시 내려간다. 최소한 초기에는 주택 대출자의 구매력이 증가하고, 이는 필연적으로 부동산 가격의 상승을 유발한다. 금리를 10퍼센트에서 1퍼센트로 인하하는 경우, 주택 가격이 열 배로 증가할 수도 있다.[29] 이와 동일한 논증이 금융자산 전반에도 적용된다. 예컨대 미국에서는 1980년 이후 주가 지수가 열 배로 급증했다. 이러한 증가분의 단 3분의 1만이 수익의 상승으로 설명되며, 나머지 3분의 2는 대부분 금리 인하의 영향에 따른 것이다.

따라서 자산의 증가와 임금 불평등 사이의 연관관계를 이런 방식으로 요약할 수도 있다. 프로그램은 임금에 압력을 가하고, 인플레이션율은 하락하며, 금리 또한 추락하고, 득을 보는 것은 금융 혹은 부동산 자산뿐이다. 따라서 임금 디플레이션이 자산 가치 상승을 야기하는 것이지, 그 반대가 아니라는 얘기다. 또한 그렇기 때문에 왜 디지털 시대의 성장이 최고점과 최저점을 꾸준히 오가는 버블과 폭락으로 이뤄졌는지를 설명해준다.

현 경제 정책의 결론은 바로 여기에서 나왔다. 자산 가치 상승이 주로 부동산 자산에 따른 것인 만큼, 주택을 더 많이 짓는 것만이 물가 상승에 진정 맞서 싸울 수 있는 유일한 메커니즘인 셈이다![30] 이처럼 잘못된 대응 방식은 서브프라임 사태를 이끌어냈다. 최빈곤층의 미국 가정들이 부동산 버블에 희망을 걸고(그리고 그들의 임금 결핍을 보충하도록) 가계 부채를 늘리도록 자극하여, 결국 그들을 파산시켰던 것이다.

하지만 부동산 부문을 넘어서, 부채 비용의 폭락은 누군가 잡아주기만을 기다리는 투자 기회를 만들어냈다. 사실상 환경 부문에서는 어마어마한 투자 수요가 확연해졌다.[31] 바로 이러한 상황에서, 국제적 차원의 공소公訴가 가장 필요한 동시에 가장 어려운 셈이다.

11.

새로운 파탄 COLLAPSUS NOVUM

사실상 각 나라의 사회는 놀라울 정도로 취약한
미래 대처 능력을 보여주고 있다.
계측하기 어려운 장기적 목표에 즉각적인 비용을
지불할 때, 집단행동을 하는 것은 상당히 어렵다.
인간의 역사는 한발 퇴보했던 문명들의 '부서진 역사'의
사례로 점철되어 있다. 로마제국의 몰락 이후 유럽이나,
노동자의 심신에 나타난 재해를 깨달았던
초기의 산업자본주의처럼 말이다.

선진국이 '구조적 장기침체'와 싸우는 동안, 개발도상국은 경이로
운 성장을 경험했다. 1990년대 중반 이후 개발도상국의 연간 성
장률은 4퍼센트를 넘어섰는데, 프랑스가 '영광의 30년' 동안 기
록했던 수치에 근접하는 수준이다. 전 세계적 성장으로 미루어볼
때, 성장이 두 배로 증가한다는 내생적 성장 이론의 예측은 실현
되었다. 우리는 인류 역사의 세 번째 빅뱅에 들어선 참이다. 최다
인구국들에서 1인당 소득의 급증이 나타났던 것이다.

개발도상국의 인구 폭증은 오랫동안 해당 국가의 성장을 저해하는 장애물로 작용했다. 몇 가지 수치만으로도 이 현상의 규모를 짐작할 수 있으리라. 이슬람 국가인 이집트는 1913년 1300만 명에서 오늘날 7000만 명으로 인구가 급증했으며, 2025년에는 1억 명에 달할 것이다. 가톨릭교의 입김이 강한 브라질의 인구는 1950년 5000만 명에서 오늘날 1억5000만 명으로 증가했다. 인도의 인구는 20세기 초와 말 사이에 3억 명에서 10억 명으로 껑충 뛰었다.

이러한 대격동은 전 세계 도처에서 발생한 조용한 기적으로 인해 저해되었다. 여성 가임률이 돌연 급락한 것이다. 이집트의 사례를 들면, 1950년에는 여성 1인당 자녀 수가 7명이었던 반면 오늘날에는 3.4명에 불과하다. 인구 전환demographic transition(여성 1인당 자녀 수 2.1명 이하 수준으로의 이동, 이 수준에서부터 인구가 감소한다)은 명확한 속도로 2025년에 마무리될 것이다. 마찬가지로, 최다 인구를 자랑하는 이슬람 국가 인도네시아는 1950년 평균 출산율이 5.5명에 달했지만 오늘날 2.6명으로 감소해 인구 전환의 종착점에 거의 다다라 있다. 인도도 동일한 유형의 변화를 겪는 중인데, 동기 대비 6명에서 3.3명으로 감소했다. 유엔의 예측에 따르면, 전 세계적으로 인구 전환은 한참 후인 2050년에 완료될 것이며 이때부터 세계 인구는 어쩌면 가혹할 수도 있는 퇴조기로 접어들 것이다.[32]

이러한 인구 전환이 보여주는 '기적'을 어떻게 이해해야 할까?

경제학자들은 인구 전환을 성장 전망이 호전되어 나타난 현상이라고 믿고 싶어했다. 여성들이 더 높은 임금을 받을 경우 자녀의 수요는 줄어드는데, 재생산의 주체로 머무르는 것 외에 더 나은 할 일이 있기 때문이다. 시카고대 교수 게리 베커는 따라서 선순환이 시작될 수 있다고 봤다.[33] 아이를 적게 낳지만, 더 잘 돌보는 것이다. 부모는 자녀를 충분히 교육시켜 더 나은 미래를 준비해주고, 성장 전망은 강화된다. 기발하지만 괜찮아 보이지는 않는 이론인데, 어쨌든 불충분하기 때문이다. 인구 전환 현상은 물질적 상황이 거의 개선되지 않은 지역에서도 발생했던 것이다. 여성이 일하든 일하지 않든, 농촌이든 도시든 이런 현상이 관찰되고 있다.

유엔의 인구학자들은 문화적 차원의 설명을 내놓았다. 전 세계 여성들이 TV 속에 비춰진 서양 여성(혹은 일본 여성)의 표본에 매료되었고, 이 여성들의 (TV 속) 생활 방식 때문에 자유를 갈망하게 되었다는 것이다. 브라질에서 TV 연속극은 가족계획을 저지했던 가톨릭교회보다 영향력이 훨씬 더 강력한 것으로 드러났다.[34] 인구 전환은 경제적 부양책이 아니라 사고방식의 변화 때문에 나타났던 것이다.

건강 상태의 호전도 제 역할을 했다.[35] 오랫동안 흔한 재앙으로 여겨졌던 자녀의 조기사망률은 급감했다. 오늘날, 아프리카 사하라 이남 지역의 가장 가난한 어린이도 출생 후 첫 5년간 살아남을 확률이 1918년의 영국 어린이보다 훨씬 높다.[36] 사망률 감소는 자녀 상실의 공포를 줄여주었으며, 가임률 역시 낮췄다.

선진국들이 성장률 둔화와 불평등 심화라는 이중의 고통을 겪는 반면, 전 세계는 정확히 반대의 움직임을 보이고 있다. 전 세계적으로 강력한 성장세를 경험 중이며 지구상의 불평등이 감소하는 것이다.[37] 이런 관점으로 보면 제3세계의 부가 증대하는 것이 굉장히 좋은 소식이지만, 안타깝게도 근본적인 관점에서는 그리 좋은 소식이 아니다. 지구를 보존하려는 시도와는 양립 불가능한 소식이기 때문이다. 만일 중국이 미국식 소비 습관에 익숙해진다면, 2030년부터는 오늘날 이용 가능한 전 세계 곡물 생산량 중 3분의 2를 소비할 수도 있다. 만일 중국의 종이 소비량이 미국의 종이 소비량을 따라잡는다면, 3억 톤의 종이를 소비할 테니 지구상의 모든 숲을 집어삼킬 만한 양이다. 미국의 사례처럼 중국인들도 언젠가 인구 4명당 자동차 3대를 보유한다면, 도로망이나 주차에 필요한 인프라는 오늘날 쌀 생산에 할애되는 토지 면적을 훌쩍 뛰어넘을 것이다.[38] 레스터 브라운이 요약하듯, "서구의 경제 모델은 (2030년에) 14.5억의 인구를 보유할 중국에게는 적용 불가능하다." 그리고 이 시기가 되면 인구수에서 중국을 뛰어넘을 인도에게는 더더욱 적용 불가능하다.[39]

기후 온난화

1827년, 프랑스의 수학자 조제프 푸리에는 대기가 열을 붙잡아둔다는 사실을 증명해 보였다. 대기가 존재하지 않는다면 지구는 훨씬 더 차가웠을 것이다. 사실상 온실가스$_{CO_2}$(수증기, 메탄)는 놀라운 성질을 지니고 있다. 온실가스는 마치 온실에서처럼, 태양의 복사에너지를 통과시키되 거기서 발생하는 열은 흡수한다. 그로 인해 기후 온난화는 지구의 산업화가 미치는 영향이 가장 우려스러운 방식으로 표출되는 형태가 되었다.

온실가스 농도의 측정 단위는 ppm(Part Per Million, 대기 중 존재하는 총 분자 100만 개당 CO_2 분자의 개수)이다. 온실가스 농도는 1800년 285ppm에서 오늘날 435ppm으로 증가했다. 지난 8억 년간 이 농도는 지구의 궤도 경사에 따라 200~300ppm 사이를 오갔다. 현재 속도라면 21세기 말에는 750ppm에 다다를 수도 있다. 이 수준이라면, 지구의 기온이 산업혁명 직전에 도달한 수준이자 300만 년 이후 전례가 없는 수준인 5도를 50퍼센트의 확률로 넘어설 수도 있다. 절댓값으로 볼 때 이는 마지막 빙하기가 끝났을 때에 상응하는 수준이다. 우리 문명은 이 5도의 온난화에서 탄생하여 그 온도를 뛰어넘음으로써 스스로를 위태롭게 하고 있다.[40]

과학자들은 산업혁명 이전 수준에 비해 상승한 이 2도야말로 넘어서는 안 될 한계점이라고 본다. 이 수준을 넘어서면, 모든 것에 이상이 생길 수 있다. 이미 명백하게 드러난 것들도 있는데, 해수면의 상승, 온대기후의 보호를 받던 아프리카 고원지대로의 질병 전염, 사막화의 급증, 빙하의 해빙 가속화 및 새로운 홍수의 위협과 결합된 식수 희박화 등이 그 사례다. 가능성은 낮을지도 모르나, 예측 불가능한 결과를 가져올 사건이 발생할 수도 있다. 예컨대 멕시코 만류의 방향이 바뀐다면 유럽은 신빙하기를 겪게 될 것이다.

또한 향후 CO_2 배출에 수없이 많은 요인이 더해질 것이다. 툰드라의 얼음이 녹으면, 예전과는 비교도 안 되는 양의 CO_2가 방출될 수도 있다. 해양이 온난화되면 현재 바다 속에 갇혀 있는 CO_2와 메탄을 방출할 것이다. 또 다른 예는 지표면과 해수면 중 얼음으로 덮인 부분을 가리키는 빙권인데, 만일 그린란드의 빙모氷帽가 녹으면 해수면을 5미터 상승시킬 것이다.

평균 기온이 5도 상승한다는 것은, 일부 지역에서는 10도 이상의 혹독한 기온 상승을 경험하리라는 사실을 의미한다. 남유럽은 오늘날 사하라 이남 지역과 흡사해질 것이다. 2100년이면 뉴욕의 기온은 7도 상승하고, 2000~2010년에 비해 폭서는 두 배로 증가할 것이다.[41]

인류세

우리 시대를 가리키는 용어인 인류세Anthropocene는 1995년 노벨화학상 수상자 파울 크뤼천이 제안한 것이다. 인류세는 지난 1만 년을 가리키는 충적세에 대비되는 개념이다. 세 명의 저자와 함께 공동 발표한 기사에서 크뤼천은 현재진행형의 변화들에 관해 충격적인 통찰을 내놓았다.[42] 저자들은 무엇보다 '인류세'라는 용어가 성질의 변화보다는 가속화에 더 방점을 찍은 용어라는 점을 분명히 했다. 인류의 환경적 재앙은 200년 전으로 거슬러 올라가는 것도, 농업의 발견으로 거슬러 올라가는 것도 아니다. 아메리카 대륙을 차지했던 최초의 사피엔스들이 이미 환경적 재앙을 초래하여 이 대륙상의 포유류가 (안데스산맥의 라마를 제외하고는) 거의 멸종되다시피 했다. (충적세 이전의) 홍적세 동안에는 유라시아 북부의 매머드와 오스트레일리아의 거대 유대류 같은 거대 동물상이 멸종되었다. 지금으로부터 16만 년 전 개를 길들이면서부터 시작되었으며 양과 염소로 이어져간 동물의 가축화, 이후 숲을 불태워서 시작한 농업의 발견과 그 후의 관개농업의 등장은 '자연'에 어마어마한 격변을 일으켰다.

그렇지만 산업혁명 이전까지만 하더라도, 인간이 환경에 미치는 영향은 통상적인 변화 폭을 넘어서지 않는 수준에서 해당 지역에만 국한되었다. 지질학적 역사상에서 결정적인 단절은 바로 이 산업화와 함께 시작되었다. 그 전까지만 하더라도 인류는 대부분 (바람, 물, 동식물 같은) 재생에너지만을 기반으로 에너지 수요를 확보했다. 석탄과 그 이후 등장한 석유(그리고 가스)라는 두 가지 요소가 아니었더라면, 제1의 그리고 제2의 산업혁명은 불가능했을 터였다. 산업사회들은 이미 수렵사회에 비해 수요가 서너 배로 급증했던 농경사회와 견주면 에너지 수요가 네다섯 배 급증했다. 현재의 에너지 총량 덕분에, 오늘날 10억 명의 인구는 고대에 오로지 왕과 일부 가신만이 누렸던 삶을 누리게 되었다. 1800년에서 2010년 사이, 세계 인구는 7배로, 에너지 수요는 40배로 급증했다.[43]

단체행동이라는 필연적 귀결

세간에서는 과학의 시대가 논의의 본질을 바꾸었다고 믿고 싶어했다. 예컨대 스프레이 제품에 사용되는 가스 때문에 오존층이 위협당하자 협약이 맺어졌다. 그와는 조금 다른 유형으로, 흡연이 암을 유발한다는 증거가 속출하면서 흡연율은 결국 감소했다. 역시 크뤼천에 따르면, 우리는 (단계가 변화한 제1기, 이후 가속화의 제2기를 거쳐) 의식화 시대인 제3기에 들어서는 중이다. 과연 이것만으로 충분할까?

'온실가스 배출 전망치BAU(온실가스 감축을 위한 인위적인 조치를 취하지 않을 경우 배출이 예상되는 온실가스의 총량—옮긴이)'의 옹호자들은 기후 온난화가 그리 심각한 문제가 아니라고 설명한다. 심지어 혹자는 온난화에 위협받는 지역들에 대안을 제공할 수 있을 정도로 도시의 수가 충분히 많으며, 따라서 물길을 따라가며 전 과정을 정비할 수 있다는 식의 파렴치한 설명을 내놓기도 한다. 문제는 이러한 태도가 무시무시한 불가역성不可逆性을 초래할 위험이 있다는 것이다. 만일 이상 현상이 예상보다 훨씬 심각한 것으로 드러난다면, 과거로 돌아가는 것은 불가능해진다. 그래서 크뤼천은 이런 결론을 내린다. "인류가 '온실가스 배출 전망치'가 제대로 작동하지 않는다는 것을 깨달을 즈음엔, 세계화된 현대사회의 몰락이야말로 통제하지 않은 변화에서 생겨날 수 있는 결과가 될 것이다."

경제성장과 환경적 피해를 서로 떼어놓을 수 있을까? 물론 상대적으로는 경제성장의 탄소 함유량을 줄일 수 있다(그리고 줄이기 시작했다). 그렇지만 오늘날에는—10년 규모로 보자면—탄소 배출량의 절대적 증가를 결코 줄이지 못했다. (산업화 이전 수준에 비해) 2도 상승이라는 목표를 지키려면, 탄소 배출량을 2.5배 감소시켜 현재의 500억 톤에서 2050년에는 200억 톤으로 줄여야 한다. 생산량이 지금부터 2050년까지 3배 증가한다면(즉 전 세계 GDP의 연간 평균 3퍼센트 상승률) 탄소 함유량은 7.5배 감소해야 한다는 의미다. 그 어떤 기술적 수단이라 해도 이런 목표치를 달성하기에는 충분치 않다. 따라서 『성장 없는 번영Prosperity Without Growth』의 저자 팀 잭슨은 환상에서 벗어나 이렇게 결론 내린다. "솔직히 말하자면, 오늘날 90억 명의 주민으로 가득한 세계에서 신빙성 있고, 사회적으로 정당하며, 환경적으로 용납 가능한 영구적인 소득 상승 시나리오는 전혀 존재하지 않는다."[44]

엄밀히 경제적인 이론상으로 보자면, CO_2 배출의 해법은 단순하다. 유엔이 세계적 차원의 온실가스 배출권 거래 시장을 만드는 것이다. 각국은 일정량의 배출권을 보유하고, 바라는 경우 이를 시장 가격에 따라 교환할 수 있다. 그것이 교토 의정서에 보조를 맞춰 유럽에서 도입되었던 방식이다. 오늘날 이 정책은 거의 완전히 배제되었다.[45]

사실상 각 나라의 사회는 놀라울 정도로 취약한 미래 대처 능력을 보여주고 있다. 계측하기 어려운 장기적 목표에 즉각적인 비용을 지불할 때, 집단행동을 하는 것은 상당히 어렵다. 인간의 역사는 한발 퇴보했던 문명들의 '부서진 역사'의 사례로 점철되어 있다. 로마제국의 몰락 이후 유럽이나, 노동자의 심신에 나타난 재해를 깨달았던 초기의 산업자본주의처럼 말이다. 재레드 다이아몬드가 묘사했던, 역사상 첫 국가의 중심지인 메소포타미아부터 시작해 여러 문명의 몰락은 말할 것도 없다.[46] 문제는 맨커 올슨이 보여주었듯, 가장 중요한 변화들은 보통 전쟁이나 심각한 위기 후에 찾아온다는 것이다. 현대사회의 시련은 평화의 시기에 새로운 기틀을 창조해내야 하며, 가능하다면 위기가 발생하기 이전에 해야 한다는 데 있다.[47]

현재 지구의 상태로 말미암는다면, 인류가 기후 온난화의 책임을 묻는 법정에 소환돼 있다는 생각은 일부에게는 시기상조로 비칠 수 있다. 오로지 전 지구적 차원의 위험을 환기시키는 것만으로 집단행동을 충분히 동원할 수 있다는 주장은 어불성설이다. 초조해하거나 의기소침한 사람에게 금연을 강요할 수 없는 것과 마찬가지로, 우리는 이미 수없이 많은 우려를 겪어온 현대사회가 전 지구적 목표를 향해 자발적으로 움직이길 기대하기는 어렵다. 성장의 종말을 우려하는 선진국 사회들은 성장을 저해할 수 있는 정책들에는 별로 관심이 없으며, 개발도상국들은 이미 선진국들이 과도할 정도로 향유했던 물질문명을 왜 자신들은 스스로 금해야 하는지 납득하지 못한다. 그들 모두에게 환경적 위험의 심각성을 깨닫게 해줄 도덕적·정치적 수단을 찾으려면, 다음의 결정적인 선결 조건을 통과해야만 한다. 즉, 함께하는 미래를 건설할 가능성에 대한 믿음을 각 나라의 사회가 되찾아야 한다는 것이다. 과연 그러한 믿음에 도달할 수 있을까?

3장

진보를
재고하기

12. (새로운) 대변혁

후기 산업사회가 제자리를 찾느라 애쓴다고
말하는 것으로는 부족하다. 농촌사회의 소멸보다는
덜 가시적이긴 하지만, 탈산업화는 마찬가지로
상당한 규모의 단절을 촉발했다.
포드주의와 대중 소비 속에서 산업사회는
그 자체로도 낙관적인 상을 만들어내는 데
오랜 시간이 걸렸다. 다가올 미래 사회에서 무엇이
올바르고 행복한 활로가 될 수 있을지
규정이라도 할 수 있을까?

"1970년대 이후, 우리는 더 나은 미래에 대한 믿음을 깨뜨린 '대변혁'의 시대에 들어섰다. 진부한 말이긴 하지만, 사회세계가 근본적으로 바뀌었음을 진단해야 한다. 그리고 이런 진단은 사회의 상태에 관한 현대적인 고찰을 요한다." 사회학자 로베르 카스텔에게 헌정된 저서 『변화와 변화의 사유들』[1]에서 인용한 카스텔의 이 간결한 문장들은 현 상황을 완벽하게 요약해준다. 1960년대에 그토록 생기 넘쳤던 개념, 발전을 구가하던 사회가 이상으로 삼

았던 개념, 즉 '진보'가 실종되었음을 강조하는 것이다.[2]

다른 대부분의 선진국과 마찬가지로 프랑스에서는 위기가—지난 40년 전부터 계속되었다는 점을 감안할 때 이 위기라는 용어가 아직도 의미가 있다면—특히 중산층을 덮쳤고, 더 나은 미래에 대한 약속을 박탈해갔다. 카스텔은 이렇게 덧붙였다. "1960년대에 노동자 계급은 의기양양했다. 그들은 사회 변화의 계획들을 구현하고 고취시켰다. 현재 상황은 전혀 그렇지 않다. 과거 노동자 계급의 사회비판적 관점이 지녔던 흡인력은 오늘날 완전히 사라져버렸다. (…) 노동자 계급을 논한다는 것은, 더는 혁신적인 변화 가능성을, 심지어는 사회적 진보조차 연상시키지 않는다. 오히려 높은 실업률을, 고용 불안정성의 증가를 강조하는 셈이다." 물론 불안정한 고용은 어제오늘의 일이 아니며, 산업자본주의의 초창기 특징이었다.[3] 그러나 달라진 점이 있다면, 이제는 이 고용 불안정성과 맞서 싸우리라고 여겨지던 복지국가의 한복판에 불안정성이 엄연히 자리잡았다는 것이다.

세계 도처에서 중산층은 좌우를 막론하고 전통적인 정당들과 거리를 두는 식으로 불만을 표출했다. 프랑스에서는 지난 30년간 잠복해 있던 위기로 인해 두 집단이 쇠퇴를 겪었고, 이는 민주주의의 전통적인 실행을 불가능하게 만들었다. 브뤼노 아마블은 이와 관련하여 또 다른 '구조적 위기'를 서슴없이 언급했다. 유권자들의 행동과 관련된 유럽의 어느 비교 연구에 따르면, 가장 유동적인 유권자들은 이제 최빈곤층 유권자이지 중산층 유권자

가 아니다. 이는 중도파 유권자들이 과반수를 이루거나 해체시킨
다는 정치학상의 유권자 모델과는 정반대다. '여당'으로 말하자
면, 유권자의 기반을 이루는 핵심을 중산층과 상류층에 한정시
키는 경향을 보였다. 위기는 민주주의에 대한 국민의 낙담을 한
층 더 키우기도 하는 셈이다.

후기 산업사회가 제자리를 찾느라 애쓴다고 말하는 것으로는
부족하다. 농촌사회의 소멸보다는 덜 가시적이긴 하지만, 탈산업
화는 마찬가지로 상당한 규모의 단절을 촉발했다. 포드주의와 대
중 소비 속에서 산업사회는 그 자체로도 낙관적인 상을 만들어
내는 데 오랜 시간이 걸렸다. 다가올 미래 사회에서 무엇이 올바
르고 행복한 활로가 될 수 있을지 규정이라도 할 수 있을까?

전체주의와 개인주의

농업혁명은 왕에서부터 제후, 반타작 소작인을 거쳐 농민으
로 이어지는 신분사회를 만들어냈다. 이는 고대의 수렵채집 시대
에 우세했던 평등사회와 대비된다. 산업사회가 도래하면서 새로
운 변화가 생겨났다. 이 변화를 어떻게 풀이해야 할까? 인류학자
루이 뒤몽은 현대사회의 개인주의와 전통사회의 '전체주의'라는,
이제는 하나의 전형으로 자리잡은 개념들을 대비시켰다. 전체주
의에서는 사회라는 거대한 총체가 각 개인에게 할 일을 규정한다.

각 개인의 욕망과 행동을 통해 사회가 만들어지는 개인주의와는 정반대다. 과거에는 사회질서에 대한 철저한 존중이 핵심이었던 사회에서, 각 개인은 사람들의 찬탄을 자아내는 『일리아드』의 영웅들처럼 스스로 길을 개척해야 했다. 오늘날에는 모두 각자의 삶을 사는 세계에서 사회적 관계가 점차 사라져가고 있다.

루스 베니딕트는 일본 사회의 '전체주의적' 특성을 서술함으로써 뒤몽의 이 이론을 완벽하게 설명했다. 베니딕트는 미군의 명령에 따라 이 책을 저술했는데,[4] 미국은 일본이라는 이 예측 불가능한 적의 심리를 파악하고 싶었던 것이다. 조사를 마치고 난 후, 베니딕트는 『국화와 칼』이라는 책을 출간했다.[5] 이 책은 세세하게 공을 들이는 화초 재배에서부터 전쟁 동안 무수히 발생했던 야만 행위에 이르기까지, 일본 사회가 지닌 양립 불가능한 두 가지 측면의 근본적 원인이 무엇인지를 보여주었다. 『국화와 칼』은 미국에서 토크빌의 책이 이끌어냈던 정도에 비견될 만한 관심을 일본 독자들에게서 이끌어냈다. 이 책에서 일본인들은 일본 사회에 관한 어느 외국인의 놀랍도록 날카로운 설명을 발견했던 것이다. 베니딕트는 일본을 '행동의 가장 작은 세부 사항까지 계획되고 사회적 지위가 고정된' 사회처럼 소개했다. 모든 남녀는 자신의 가문에, 그리고 특히 사회 전체에 갚아야 할 빚에 억눌린 채로 태어난다. 의무를 갚는 데 위반되는 일은 전부 벌을 받게 되며, 사죄가 전혀 불가능한 경우 이 벌은 파괴와 자살로 변모할 수 있다. 도덕적인 과오, 취향상의 과오, 체면상의 과오는 개인을 스스로의 목숨을 끊지 않고서는 끝나지 않는, 견딜 수 없는 고독으로 빠뜨린다. 예컨대 루스 베니딕트는 의무를 등한시하는 것을 전혀 용서치 않는 사회를 마주하고는 왜 일본인들이 낙담과 분노 사이에서 망설이는지를 설명한다.

일본 사회는 루이 뒤몽이 말하는 전체주의적 가치들의 원형적 사례다. 그렇지만 뒤몽은 현대적 개인주의를 위해 이런 가치들을 단념하는 현상을 '결정적인 단절'로 이해해서는 안 된다고 설명했다. 전반적인 유대 자체는 그대로 남아 있으며, 그렇지 않았더라면 이 사회는 숨 막히는 곳이 되었으리라는 것이다. 그것이 바로 뒤몽의 분석에서 가장 예리한 지점이다. 위계적 사회에서 개인주의적 사회로의 격변은 개인적 가치들이 맹위를 떨치는 가운데 전체주의적인 신뢰가 유지되는 한에서만 가능하다. 1991년에 출간된 저서 『독일의 이념L'Idéologie allemande』에서 뒤몽은 이렇게 설명했다. "개인주의는 우리의 기본 가치이며, 앞으로도 그럴 것이다. 그러나 이 개인주의가 세계 도처에서 일관적으로 세력을 떨칠 것이라고 본다면 (…) 중대한 착각에 빠진 셈이다. 개인주의의 형상은 존재하는 동안 내내 그와 다소 대비되는 개념, 가치, 체제들과 결합해왔다. (…) 개인주의는 (…) 모든 사회에 군림할 수 없다. 전체주의가 눈에 띄지 않는 방식으로, 말하자면 은밀하게 일조하지 않았더라면, 개인주의는 절대 제대로 작동할 수 없었을 터이다."[6]

호모 아이콸리스?

개인주의에 사로잡힌 현대사회가 오늘날 어떻게 그러한 유대를 유지하는 것일까? 현대인의 머릿속을 떠나지 않는 이 질문은, 엄밀히 말하자면 사실 아주 최근에야 제기되었다. 농촌사회에서 산업사회로의 이행이 농경사회의 경제 구성을 급변시켰다면, 사회학적 변화는 훨씬 더 늦게 찾아왔다. 루이 뒤몽은 베르나르 망드빌에서부터 프랑수아 케네, 애덤 스미스에 이르는 18세기의 새로운 경제학자들이 내놓은 담론을 통해, 호모 히에라르키쿠스homo hierarchicus(위계적 인간)에서 그가 호모 아이콸리스homo aequalis(평등한 인간)라고 부르는 것으로의 이행을 감지해냈다. 사실상 가족 내에서나 공장 내에서나 할 것 없이 사회적 현실 속에서, 산업사회는 고대사회의 특징들을 잘 보존하고 있는 셈이다.

사회학자 로널드 잉글하트는 나름의 방식으로 이 논의를 이어가, 현대사회 내 개인주의의 신기성新奇性을 이해하게 해주는 해석을 내놓았다. 그는 농촌사회에서 산업사회로의 이행을 보장하는 단계, 이후 산업사회를 후기 산업사회로 넘어가게 하는 단계라는 두 단계의 구분을 제안했다. 농경사회에서 산업사회로의 이행이라는 첫 번째 단절은 종교적 질서에서 세속적 질서로의 변천을 강화한다. 과거에는 신을 믿었으나, 이제는 이성을 믿는다. 엔지니어가 사제를 대신하는 셈이다. 그렇지만 이 첫 단계는 사회의 위계적 구상 속에 여전히 남아 있다. CEO로부터 엔지니어로, 엔

지니어에서 작업반장으로, 작업반장에서 일개 노동자로 내려오는 명령 체계는 왕에서 제후로, 제후에게서 농민으로 이어지는 명령 체계만큼이나 엄격하기 그지없다. 종교의 손아귀에 있던 당국은 세속화되었다. 이러한 첫 번째 변천은 막스 베버가 말하는, 사회의 주요 조직 원칙으로서 주술 혹은 신앙이 이성에 자리를 내주는 '세계의 탈마법화'에 해당된다.

잉글하트는 두 번째 단계에 들어서야 산업사회에서의 탈출 현상이 발생함과 동시에 개인주의 사회가 등장한다고 봤다. 새로운 체제에서 '자기표현self-expression'은 사회의 근본적인 요소가 되었다. "자기표현은 개인들의 성숙에 집중하는 새로운 유형의 인본주의 사회를 야기한다." '근대화'의 첫 물결은 아무런 모순 없이 파시즘이나 나치즘으로 귀결될 수 있었다. 히틀러는 포드에게 열광했으며, 포드 역시 히틀러를 찬양했다. 이 물결은 아무런 어려움 없이 전체주의를 이루었다. 잉글하트에 따르면, 두 번째 물결인 후기 산업주의의 물결이 바로 해방 사회가 등장하는 데 일조했던 것이다.

이러한 변천에 관해, 대니얼 벨은 1976년 출간작 『자본주의의 문화적 모순The Cultural Contradictions of Capitalism』에서 이와 유사한 분석을 내놓았다. 이 책은 산업사회의 양면성에 관한 명민한 분석을 보여주었다. 산업계의 위계적 운영은 산업사회에서 정착된 소비사회와 대조된다. 이러한 모순을 가리키는 "straight by day, swinger by night"라는 벨의 표현을, 앙리 베버는 '낮에는 성실하

게, 밤에는 방탕하게'라고 옮겼다. 이 모순은 두 세계가 만난 혼성 사회의 증거인 셈이다.[7]

프랑스의 행복을 주제로 삼은 책[8]에서 레미 팔랭은 노동자나 엘리트 할 것 없이, 전후 프랑스인의 심리에서 '행복'이라는 새로운 개념이 맞닥뜨렸던 장애물을 보여주었다. 대부분 공산주의자인 노동자들은 혁명을 왜곡하기 위해 만든 '프티부르주아적' 이상과 행복을 결부시키는 경향이 있었다. 하지만 엘리트들 또한 소비사회를 '쾌락에 대한 동물적 열망'이라며 경시했고, 그런 열망과 '인간적 품격이라는 고차원적 발상'을 서로 대비시켰다. 공산주의자들과 가톨릭교회가 이중의 거부 전선을 펼쳤지만, 1960년대에 거대한 변화가 이루어졌다. 소비사회는 점차 의식 속으로 스며들었다. 저녁이 되면 사람들이 소파에 누워 시간을 보내도록 이끌었던 TV야말로, 이러한 변화에 막대한 역할을 한 장본인이었다. 미국의 사회학자 로버트 퍼트넘에 따르면, 바로 TV를 통해 진정한 개인주의 사회가 정착했던 것이다.

68혁명과 그 반대 세력

68혁명은 이러한 변모의 피날레였다. 위계적 사회를 향한 공격이 이뤄졌던 것이다, 그것도 도처에서! 대학가나 공장, 혹은 집안에서 68혁명은 위계적 권력에 저항했다. 이는 모든 선진국에서 공통되게 나타난 특징이었다. 앙리 베버는 이렇게 지적했다. "프랑스에만 국한된 사건이 아니다. 68혁명의 규모와 현실은 단번에 전 세계로 확대됐다. 미국에서, 서유럽에서, 일본에서, 68혁명은 단 하나의 동일한 운동으로 나타났다. 동일한 원동력, 동일한 이념, 동일한 슬로건, 심지어는 실질적인 적용 방식마저 동일한 운동 말이다." 뤼크 볼탕스키와 에브 샤펠로[9]는 68혁명이야말로 자신들이 예술적 비판이라고 부르는 것과 자본주의의 사회적 비판 사이의 만남에 족적을 남겼다고 봤다. 당대의 부르주아적 순응주의와 단절했던 19세기의 '저주받은 시인들'은 68혁명으로 피어난 반문화反文化의 초석을 다졌다. 새로운 점이 있다면, 이 예술적 저항이 자본주의를 향한 사회적 비판과 공명했다는 것이다. 그리고 이 같은 비판을 위해, 프롤레타리아 계급은 '계급 없는 사회'라는 진보의 이상을 품었다.

이후 68혁명이 시대의 정점처럼 나타난 그 순간, 혁명은 쇠락하기 시작했다. 1980년대라는 전환점 이후, 보수주의적 혁명이 태세를 갖추었다. 68혁명에 반대하는 담론들이 점차 폭넓어졌다. 세르주 오디에가 보여주듯,[10] 반대 세력의 목표는 언제나 68혁명의 급진적 개인주의를 상징하는 그 유명한 문구, 바로 "금지하는 것을 금지한다"는 슬로건이었다. "68혁명을 경멸하는 사람들이 보기에, '시간 낭비 없이 살고, 장애물 없이 즐겨라'라는 문구는 새로운 생산 명령을 예고하는 듯했다. 즉, 노동 중 시간 낭비와의 투쟁, 그리고 광고라는 새로운 명령 말이다."

예컨대 질 리포베츠키는 리처드 세넷이나 크리스토퍼 래시에게 영감을 얻어 이렇게 비난했다. 68혁명의 반순응주의적 방식은 존재하기 위해 '영원한 신제품'을 필요로 하는 상업사회의 새로운 순응주의를 사실상 예고하는 셈이라고 말이다.

위 저자들에 따르면, 현대사회의 가장 긴밀하고 가장 반사회적인 개인주의는 바로 1960년대의 산물일 것이다. 오래된 집단 순응주의는 이 68혁명과 관련된 새로운 순응주의에 자리를 내주었다. 일례로 유행가요를 분석한 결과, '나' 혹은 '내 것'이라는 용어가 점점 더 자주 사용된 것으로 드러났다.

1980년대의 보수주의자들은 순식간에 사유를 구성하여 이런 식의 개인주의 비판을 연장해나갔다. 제일 먼저는 복지국가를 '국민을 어린애 취급하는 국가'로 규정지으며 비난하기에 나섰다. 보수주의자들은 경제자유주의와 동맹을 맺어 좌파에 대항했는데, 노동의 가치 및 가족적 유대의 상실과 재정적인 원조를 비난했다. 그렇지만 일단 이런 비판이 실현되고 나자, 이번에는 국가와 가족의 이름으로 경제자유주의를 공격했다. 예컨대 경제자유주의가 자신들의 적인 좌파보다 딱히 더 옳을 것도 없다는 식으로 자유주의 이념의 맹목성을 공격했다.

반68사상의 급부상과 전통적 가치들의 반격은 가족이든, 노동이든, 조국에 관한 것이든 빛의 속도로 이루어졌다. 물론 이러한 반전은 역사상 수차례 관찰되었던 만큼 전혀 놀라울 것이 없다. 스타엘 부인이 지적했듯, 직선이 아니라 나선으로 이어지는 역사의 운행에서는 혁명과 반혁명이 박자를 부여한다. 보수주의적 반혁명은 분명 그것의 손아귀를 빠져나간 훨씬 더 기나긴 과정에서 하나의 쉼표처럼 해석될 수 있다. 그렇지만 반68사상은 단순히 사상적 조류 차원에서의 불가피한 반동이 아니었다. 이는 훗날 실업과 불안정성을 발견하며 경제가 마련해줄 실망감의 흔적이기도 했다. 두 번째 근대성, 탈물질주의적인 근대성을 향한 희망은 더더욱 혹독한 현실에 격파당할 처지에 있었으며, 과거 모욕당했던 산업사회를 향한 향수를 불러일으키기에 이르렀다.

13. 자율과 생존

계몽주의 시대 이후 서양 철학의 핵심적 지평이 된 자율은 마침내 경제적 가치가 되었다. 창조성은 권위보다 더 높이 평가된다.
따라서 다음과 같은 명확한 도식이 도출된다.
산업사회는 사회를 세속화로 이끌었지만, 근본적으로 위계적인 질서만은 유지시켰다.
이후 2차 시기에 들어서자 서비스업이 '자기표현' 사회의 등장을 촉진했던 것이다.

현대의 개인주의는 68혁명에서 새로운 활력을 얻기는 했지만, 68혁명 자체의 소산은 아니다. 지성사의 흐름에서 보자면 르네상스의 인본주의에 기원을 두며, 계몽주의 철학과 함께 널리 전파되었다. 계몽주의는 자율을 기본적 가치로 자리잡도록 했다. 츠베탕 토도로프는 자율autonomy이 자급자족self-sufficiency과는 다른 의미라고 말했다.[11] 예컨대 루소는 "우리의 진정한 자아는 완전히 우리 안에 있지 않다"고 말했다. 계몽주의 윤리는 주관적이 아니라 상호 주관적이다. "(계몽주의 윤리는) 자아를 향한 이기적 사랑이 아니라, 인류를 향한 존중에서 나온다." 선악의 법칙은 선천적인 것이 아니라 합의의 대상이 되어야 한다. 그리고 이 합의는 역시 인간의 보편적 특성에 의거한 합리적인 논의를 교환하여 이끌어내는 것이다.

계몽주의가 약속한 해방이란 더는 그 어떤 교리도 신성불가침한 것으로 여기지 않는 것이다. 훌륭한 시민이란 "자신이 스스로 판단한 규범에 따라" 행동하는 자다. 사람들은 더는 과거의 권위가 아니라 자신의 미래 계획에 따라 삶의 방향을 결정한다. 이처럼 스스로 더 나아질 수 있는 순전히 인간만의 능력, 그리고 세상을 개선시킬 수 있는 능력을 가리켜 루소는 '개선 가능성 perfectibilité'이라고 일컬었다. 그러나 그 결과는 보장되지 않으며, 되돌릴 수 없는 것도 아니라고 곧바로 덧붙였다. "선과 악은 하나의 근원에서 나온다."

이러한 '근대적' 이념들은 산업혁명이 아직 시작되지 않았던 시대에 탄생했다. 11~13세기의 도시혁명이야말로 교회와 정부라는 전통적인 권력 당국에서 해방된 새로운 성직자 및 상인 집단을 출현시키면서 진정한 개막의 신호를 보낸 대사건이었다.[12] 사실상 현대사 연구를 어렵게 하는 모순은 산업사회가 르네상스 시대 유럽의 이러한 인본주의적 열기를 파괴했다는 데 있다.[13] 세속적 질서가 종교적 질서를 대신했지만, 19세기와 20세기 대부분의 공장에서 구현되었던 대로의 산업만이 해방의 흐름에서 제외되었다. 여기서 장 푸라스티에와 유사한 의견을 내놓았던 잉글하트에 따르면, 이렇게 파괴된 역사의 흐름을 되찾으려면 후기 산업사회로의 이행에 깊은 영향을 미쳤던 두 번째 단절이 올 때까지 기다려야 한다.

역시 잉글하트에 따르면, 산업사회에서 벗어나고 나서야 자율이라는 새로운 이상이 급부상했다. 대중 교육은 독립적인 사고를 허용하는 지적 수단을 만인에게 제공했다. 복지국가는 아이와 부모 간의 물질적 의존관계를 끊어내기에 이르렀다. 과거 필수였던 공동체는 '선택적 친화' 사항이 되었다. 바로 이러한 기틀 안에서 탈물질주의적 정신이 급부상했던 것이다. 포스트모더니즘적 조건은 '삶의 의미meaning of life'를 찾아나가는 탐구가 되어버렸다. 물질주의는 퇴보했다. 잉글하트는 교육, 도시화, 민주화, 남녀 간의 지배 관계 급변 등 모든 것이 자율과 관용의 사회를 만드는 데 기여했다고 봤다. 따라서 후기 산업사회는 과거 사회들을 점철했던 강박, 즉 경제적 생존이라는 강박에서 해방되었다. 1인당 소득의 열 배 증가는 인간이 자기 삶을 고찰하는 데 쓰는 단어들을 완전히 바꿔놓았다.

동성애는 범죄인가?

잉글하트는 일반론을 펼치는 데 그치지 않았다. 그는 자신이 만든 단체 '세계가치관조사World Value Survey'(사회과학자들의 세계적인 네트워크로 80개국 이상, 전 세계 85퍼센트의 인구를 대상으로 각종 조사를 행하는 단체—옮긴이)를 기반으로 대규모 사회학적 조사를 실시하여 가치관의 변화를 면밀하게 측정했다. 그는 다수의 질문을 통해 두 가지 축을 구성했다. 첫 번째는 전통적(종교적) 가치와 세속적 가치 간의 대립을 구분했다. 두 번째는 세속성의 추구와 자기표현의 추구를 구분했다. 잉글하트의 '생존 혹은 자기긍정' 유형론은 뒤몽이 제안했던 유형론, 혹은 사회학자 샬롬 슈왈츠가 내놓았던 통합과 자율을 구분하는 유형론과 굉장히 유사하다.

첫 번째 축은 다음의 질문들에 해당된다. "신을 믿느니까? 대가족을 원합니까? 이혼은 정당화될 수 있습니까?" 이 질문들은 종교적 가치와 세속적 가치를 구분해주는 지표다. 두 번째 축은 다음의 질문들에 해당된다. "동성애는 범죄입니까? 흥미로운 직업이 돈을 많이 벌 수 있는 직업보다 더 중요합니까?" 요는, 불안정하고 불확실한unsecure 세상에서 사람들은 안정적인 사회제도(가족, 권력 기관) 덕분에 안심하고 싶어하는 반면, 불안정과는 거리가 먼 믿음직스러운 세상에서 사람들은 더더욱 관용적으로 변하고 자율과 자기표현을 열망한다는 것이다. 예컨대 포스트모더니즘적 가치를 옹호하는 사람일수록 동성애를 더 존중하는 태도를 보였다.[14] 남녀평등은 자기표현을 나타내는 가치와 완벽하게 연관된 또 다른 지표다.

세속과 자율을 동시에 높이 평가하는 국가로는 스웨덴, 노르웨이, 덴마크가 있다. 반면 종교와 위계질서를 높이 평가하는 국가로는 짐바브웨, 모로코, 요르단이 있다. 과거 공산주의 국가 집단(중국, 불가리아, 러시아 등)은 세속의 축에서는 매우 높은 지점을, 자율의 축에서는 매우 낮은 지점(러시아는 짐바브웨보다 훨씬 낮았다)을 기록했다. -2에서 +2 사이로 구성된 등급에서 프랑스는 자율 +1, 세속 +0.5을 기록했고, 스웨덴은 두 가지 모두 +1.5를 기록했다. 일본은 흥미로운 사례인데, 세속은 중국과 스웨덴을 뛰어넘는 높은 등급을 기록했으나, 자기표현은 온건한 등급을 기록하여 프랑스와 이탈리아 수준에 머물렀다.

잉글하트는 경제가 사회를 주조해내는 방식을 분석함으로써, 세속적 가치의 표현과 (농업의 지위와 비교할 때의) 산업의 지위 사이에 중대한 연관관계가 존재함을 보여주었다. 여기서 서비스업 자체는 그 어떤 설명적인 역할도 하지 않는다. 반면, (산업이 차지하는 비율에 비해) 서비스업이 차지하는 비율은 불안정과 연관된 가치에서 자기긍정의 가치로 넘어가는 이행의 강력한 설명적 요인이다. 계몽주의 시대 이후 서양 철학의 핵심적 지평이 된 자율은 마침내 경제적 가치가 되었다. 창조성은 권위보다 더 높이 평가된다. 따라서 이상의 여건들에서 다음과 같은 명확한 도식이 도출된다. 산업사회는 사회를 세속화로 이끌었지만, 근본적으로 위계적인 질서만은 유지시켰다. 이후 2차 시기에 들어서자 서비스업이 '자기표현' 사회의 등장을 촉진했던 것이다.

경제와 사회

근대화 이론들은 분명 문화적 요인들을 배제하지는 않는다. 설명력explanatory power의 차원으로 보자면, 변수 중 절반은 경제적 데이터로 설명하며 나머지 절반은 문화적 영역에 속한다. 예컨대 미국은 '사회의 점진적 세속화'라는 가설의 괄목할 만한 예외 사례인데, 경제적 특징이 유사한 국가들보다 훨씬 더 큰 종교성을 보이기 때문이다. 사실상 이 현상을 설명하려면 인구 대부분이 프로테스탄트인 국가 중 영어권과 비영어권을 구분해야 한다. 라틴아메리카 역시 종교성이 강하다. 반대로, 유교적 전통을 지닌 사회들은 여타 사회에 비해 훨씬 더 세속적인 경향을 보인다.

자기긍정의 측면에서 가톨릭 국가들은 프로테스탄트 국가들보다 뒤쳐져 있다. 가톨릭 국가들은 신뢰 면에서 다른 국가들보다 더 낮은 수준을 기록했는데, 이는 교회처럼 복종에 적합한 수직적 조직이 개인 상호 간 관계의 수평적 신뢰를 약화시켰다는 증거다. 반대로, 유교적 전통은 신뢰를 받는 데 더 큰 가능성을 제공한다. 이 점에서 프랑스와 중국은 서로의 거울 같은 존재다. 프랑스는 선진국 가운데 신뢰trust 점수가 가장 낮은(러시아와 비슷한) 국가이며, 중국은 신뢰 점수가 가장 높은 국가 중 하나다(핀란드와 비슷한 수준이며, 일본보다 높은 수준).

그렇지만 하나의 해당 국가 안에서는 종교적 가치의 차이가 그다지 중요하지 않다. 예컨대 독일에서 가톨릭교도들은 다른 유럽 국가의 가톨릭교도들보다 자국의 프로테스탄트교도들과 훨씬 더 비슷하다. 또한 에스토니아, 라트비아, 리투아니아처럼 과거 소련의 영향을 받았던 경우, 프로테스탄트 국가라 하더라도 개인 상호 간의 신뢰도에서 최저점을 기록했다. 이러한 결과는 신앙 자체의 성격보다도 이 신앙이 집단 정체성 형성에 기여하는 방식이 더 크게 작용한다는 것을 시사한다. 즉, 종교는 국가 내에 녹아들 수 있는 셈이다.

14. 신화와 한恨

상황에 대한 '습관화'와 기대치 이하로 내려가는 것에
대한 공포라는 두 가지 결과를 조합하면,
매우 실망스러운 결론이 나온다. 손실에 대한 공포가
여전히 강력하게 유지되는 것이다. 어떠한 대비책을
세우든 간에 이 공포는 늘 개인을 괴롭힌다.
개인이 돈을 벌어 곤궁에서 벗어나더라도,
이 새로운 상태가 곧바로 새로운 기준점이 되어
모든 것이 또다시 시작된다.

후기 산업주의 사회가 '생존'의 문제를 해결하고 자기긍정에만 집
중하게 해줄 것이라는 생각은 착각으로 드러났다. 우리는 풍요로
운 사회에서 살아가지만, 일자리나 사회적 지위를 잃을까봐 끊임
없이 걱정하며, 그리하여 경제 안보 문제에 늘 혈안이 된 채 지낼
수 있다. 풍요 사회가 도래하여 만인이 예술과 형이상학에 온전
히 집중할 것이라는 잘못된 예측을 내놨던 케인스처럼, 잉글하트
는 탈물질주의 사회를 예고함으로써 그와 유사한 과오를 반복하

고 있다. 실제로 오늘날의 세계는 1세기 이전만큼이나 여전히 물질적 부를 우려하는데도 말이다.

어째서 물질적 부는 인류를 물질적 문제로부터 해방시켜주지 못할까? 근본적으로는 결국 뒤얽혀 있긴 하지만, 그 대답을 두 가지 차원으로 구분할 수 있다. 한 가지 대답은 개인적 차원으로, 개인이 지닌 욕망의 구조가 행복을 향한 열망을 구속하기 때문이라는 것이다. 또 한 가지 대답은 상황을 악화시킬 수도 있는 사회 구조적 차원의 대답이다.

이 필수불가결한 질문을 분석하기 위한 출발점, 즉 행복을 향한 개인의 열망이라는 출발점을 제시한 것은 경제학에 상당한 영향을 미친 심리학자 대니얼 카너먼과 에이머스 트버스키의 기본 연구였다. 두 사람은 인간의 결정이란 언제나 어느 기준점에 대비하여 이루어지며, 이 기준점은 자신이 속한 환경의 영향을 받아 변화한다는 사실을 증명했다. 사람은 절대적으로 부유하거나 가난한 것이 아니라, 어느 기대치에 비해 부유하거나 가난하다. 덥든 춥든, 행복하든 불행하든, 어떤 상황에 처해 있든 간에 자신을 둘러싼 세상의 현실이 결국 새로운 기준으로 자리잡는 것이다. 나는 내가 '보통'이라고 간주하는 기준점에 비해 행복하거나 불행한데, 결국에는 현재 처한 상황이 언제나 새로운 기준점이 되기 마련이다. 행복은 늘 평균적인 안정성을 되찾게 된다는 성질 때문에, 행복 추구를 가리켜 '쾌락의 쳇바퀴hedonic treadmill'라고 비유하게 되었다. 아무리 노력하더라도 늘 같은 출발점에 머무른다는 것이다.

따라서, 심리학적 용어를 빌리자면, 인간은 놀라울 정도의 '습관화habituation' 능력을 보인다. 일부 저자들은 다원적 적응이 이러한 능력의 원인일지도 모른다고 주장했다.[15] 다원 이론에서 말하는 적응은 예상치 못한 위험을 예방하기 위한 상관적 판단을, 그리고 환경 적응력을 장려하기 위한 영속적 상황의 '습관화'를 요한다.

그렇지만 카너먼과 트버스키에 따르면, 좋고 나쁜 정보에 대한 반응은 근본적으로 불균형하다. 전통적인 경제학 이론에서 1유로의 증감은 각기 + 기호나 − 기호를 붙이는 식의 동질한 만족감이나 불만감을 유발할 뿐이다. 그런데 인간은 매사를 그런 식으로 느끼지 않는다. 손실에 대한 반감은 이득에 대한 기대치보다 훨씬 더 강력하다. 이것은 경제적 수익에만 관련된 사항이 아니다. 소중한 사람, 직장, 심지어는 친숙한 물건을 잃는 경험은, 반대로 그것을 되찾았을 때 느끼는 만족감보다 훨씬 더 강력한 고통을 야기한다.

상황에 대한 '습관화'와 기대치 이하로 내려가는 것에 대한 공포라는 두 가지 결과를 조합하면, 매우 실망스러운 결론이 나온다. 손실에 대한 공포가 여전히 강력하게 유지되는 것이다. 어떠한 대비책을 세우든 간에 이 공포는 늘 개인을 괴롭힌다. 개인이 돈을 벌어 곤궁에서 벗어나더라도, 이 새로운 상태가 곧바로 새로운 기준점이 되어 모든 것이 또다시 시작된다.

'이스털린의 역설Easterlin paradox'이라는 개념은 이처럼 행복을 향한 헛되고도 지칠 줄 모르는 추구를 통계화한 것이다. 경제학자 리처드 이스털린은 수많은 설문조사를 통해, 행복도는 각국의 소득 수준과는 상관없이 매우 안정적이라는 사실을 보여주었다. 프랑스는 50년 전보다 2배 더 부유하지만 그때보다 행복도가 더 높지는 않으며, 특히 프랑스인들이 마주하는 경제적 문제는 전혀 줄어들지 않았다. 이 역설을 가장 단순하게 설명한다면, 카너먼과 트버스키가 발전시켰던 개념처럼 모든 부는 언제나 상대적인데, 이 부에 연관된 기준점은 부유해짐에 따라 변화하기 때문이다.

이스털린의 역설을 설명해주는 또 다른 요소는 타인과 자신을 비교하려는 인간의 강박적 성향이다. 1949년 경제학자 제임스 듀젠베리는 자신의 소비 연구를 이제는 상당히 유명해진 문구인 'Keep up with the Joneses(남에게 뒤지지 않으려고 허세를 부리다)'라는 한 문장으로 요약했다.[16] 자동차든 TV든, 가증스러운 이웃에게 절대 뒤져서는 안 된다. 이것이 바로 미국 소비자의 좌우명인 셈이다.

예컨대 루트머의 미국 연구는 주변 사람이 개인의 행복에 미치는 영향을 측정했다.[17] 자신이 주변 사람들보다 가난하고 뒤처졌다는 사실은 저주나 다름없는 최악의 상황이다. 루트머는 주거 지방의 평균 소득에 비해 소득이 더 낮은 개인은 언제나 불행하다는 사실을 입증했다. 그의 추정에 따르면, 모든 소득(자신과 주변인의 소득)의 비례적인 증가는 평균 행복도에 아무런 영향을 미치지 못한다. 프랑스에서 실시된 어느 연구에서는 임금 근로자가 자신의 임금이 '정당하다'고 여기게 되는 기준을 찾아내려 했다.[18] 임금 근로자 대부분은 자신이 타인에 비해 임금을 더 많이 받거나 더 적게 받는다고 평가했는데, 이들의 기준 집단은 절반이 직장 동료, 4분의 1이 학교 동문, 나머지 4분의 1이 친구나 친척으로 이뤄졌다. 또한 어느 캘리포니아 대학의 교수들을 대상으로 대대적인 실험이 진행되었는데, 법령에 따라 교수들의 연봉이 공개적으로 열거되었던 것이다. 자신이 동료 교수보다 더 낮은 연봉을 받는다는 것을 알게 된 일부 교수는 좌절감을 느끼거나 사직서를 제출하기도 했다.

따라서 현대사회에서 행복을 추구하는 행위는 '욕구가 늘 상대적'이라는 단순하고도 근본적인 장애물과 맞닥뜨린다. 중요한 것은 1000유로냐 1만 유로냐가 아니라, 자신을 둘러싼 집단에 비해 상대적으로 어느 정도 위치에 있느냐는 것이다. 백만장자들에게 재산이 어느 정도가 되어야 '진정 안락하다'고 느끼겠느냐고 물으면, 현재 수준과는 상관없이 모두 이렇게 대답한다. "지금 가진 것의 두 배"라고.

그렇지만 문제의 핵심은, 인간이 스스로도 이해하지 못하는 욕망의 법칙을 따른다는 것이다. 인간은 자신의 욕구가 매우 가변적이라는 사실을 받아들이질 못한다. 소득의 '향후' 상승을 늘

꿈꾸지만, 일단 그 꿈이 실현되면 그 정도의 상승으로는 절대 충분치 않다. 왜냐하면 사람들은 현재의 열망이 반드시 변하기 마련이라는 점을 고려하지 않은 채, 미래의 기대치와 현재의 열망을 비교하기 때문이다.[19] 자신이 환경의 영향을 받아 변한다는 사실을 아무도 받아들이지 못한다. 지금 이 자리에 있는 내 존재야말로, 나에게 무엇이 좋을지 평가할 권리를 (내가) 부여한 유일한 판단 주체다. 따라서 우리 사회가 작동하는 데 어째서 부 자체보다 부의 성장이 더 중요한지가 설명된다. 성장은 현재의 심리적, 사회적 상태보다 더 상승하고자 하는, 덧없지만 늘 새로이 갱신되는 희망을 만인에게 선사한다. 성장의 실현이 아니라, 그러한 성장의 약속이 불안을 잠재우는 셈이다.

두 가지 욕망의 딜레마

물론 경제학자들이 욕망의 문제에 최종 결론을 내릴 수는 없다. 여기서는 이 분야에서 제시되었던 수많은 철학을 서로 견주어보기보다는, 지그문트 프로이트와 르네 지라르라는 두 명의 사상적 대가를 따라가겠다. 이 두 대가는 근본적으로 완전히 대조되는 주장을 펼쳤지만, 인간의 욕망에 관해 단일한 이론을 추구하는 가운데 서로 일치하는 모습을 보였다. 두 사람 다 '노동'과 '선망'이라는, 현대사회를 떠받치는 두 기둥을 나름의 방식으로 분석했던 것이다.

프로이트는 『문명 속의 불만』이라는 유명한 저서에서 이스털린의 역설과 일견 유사한 진단을 내렸다. "엄밀한 의미의 행복이라는 것은 축적된 욕구의 상대적으로 돌발적인 충족에서 나오며, 그런 행복은 본디 단속적인 현상으로서만 가능하다. 침대에서 맨다리로 나왔다가 겨울밤의 추위를 느끼고는, 곧바로 침대 속으로 다시 들어갈 때 얻는 쾌감처럼 말이다." 그리고 다음과 같이 굉장히 비관적인 주석을 덧붙였다. "행복해지려는 인간의 의지는 창조주의 계획에 들어가 있지 않다." 정신분석학의 창시자가 보기에, 인간의 고뇌는 특정 문명에 한정된 것이 아니라 문명화 과정 자체의 고유한 것이다. "문명의 진보는 곧 '본능의 희생'에서 나오는 행복의 손실(로 늘 그 대가를 치른다)."

프로이트에 따르면, 개인은 유년기부터 여러 충동에 맞닥뜨리지만 충동을 만족시키는 일은 금지당한다. 그리하여 그러한 고뇌의 원인 제공자로 여겨지는 외부의 권력자, 즉 부모를 향해 일정량의 공격성을 키우기에 이른다. 여기서 죄책감이라는 감정이 유래되는데, 이 죄책감은 프로이트의 이론에서 결정적인 역할을 한다. 유아는 프로이트가 초자아라고 부르는 것을 내면에 통합시키고, 이로써 스스로 공격성으로 무장한 채 사랑하는 사람들에게서 자신을 지켜낸다. 이 초자아는 부모를 향해 작용해야 했을 공격성을 손에 넣는다. 이 개인이 도덕적일수록 그의 도덕적 의식은 훨씬 더 엄격하게 경계하며 행동한다는 점이야말로 핵심적인 역설이다. 마치 욕망을 받아들이지 않은 것을 모순적인 방식으로 비난하기라도 하듯이 말이다. 일종의 광적인 추구에서 "포기할 때마다 도덕적 의식의 엄격성은 한층 강화"되고, 이 안에서 초자아는 늘 더 큰 담보를 요구한다.

이제 개인에게 남은 방법이란, 충동의 목표를 이동시켜 이 목표가 외부 세계의 거부에 따른 영향을 받지 않게 하는 것이다. "바로 여기서 충동의 승화가 도움의 손길을 내민다. 예술가가 창조하며 느끼는 만족감, 연구자가 문제를 해결하며 느끼는 만족감이 그것이다. 그러나 이런 방식은 누구에게나 적용될 수 있는 게 아니라는 약점을 지니며, 심지어는 아주 소수의 사람에게만 가능한 방식이다." 또 다른 후보로는 사랑이 있다. 여기서의 문제는 "우리는 사랑할 때 느끼는 고통에 가장 취약하며, 사랑하는 대상 혹은 사랑 자체를 잃었을 때야말로 가장 낙담하고 가장 불행하다"는 것이다. 또한 프로이트는 덧붙이기를, "동양의 잠언에서 가르치듯, 요가에서 수행하듯 쾌락을 없애려고 시도할 수도 있다. 여기에 성공한다면, 사실상 또 다른 활력을 포기한 것이나 마찬가지다. 그 대가는 즐거움의 가능성이 원치 않을 정도로 줄어드는 것이다. 야만적 충동의, 자아에 의해 구속되지 않은 충족은 길들여진 충동이 충족되었을 때와 비교할 수 없을 정도로 훨씬 더 강렬하다."

결국 프로이트는 노동이야말로 가장 적절한 해결책이라고 봤다. "삶의 그 어떤 기술도 노동이 지닌 특징보다 개인과 현실을 견고하게 연결시켜주지 못한다. 노동은 개인을 적어도 이러한 현실의 일부, 인간 공동체 속에 확실하게 편입시킨다." 쾌락의 원칙은 더 보잘것없지만 효율적인 현실 원칙으로 변모했는데, "왜냐하면 사람은 불행을 모면한 것만으로도 이미 자신이 행복하다고 생각하기 때문이다".

프로이트는 오이디푸스 콤플렉스로 죄책감을 이해할 수 있다고 봤다. 인간은 아버지를 사랑하면서도 증오한다. 아들은 아버지를 죽임으로써, 이제 더는 그를 사랑하기만 할 수 없게 된다. 아버지를 죽였다(적어도 신화에서)는 후회일까, (그저) 죽이길 바랐다는 것에 대한 죄책감일까? 그 점은 별로 중요하지 않다. 죄책감이야말로 이 같은 양가성의 감정이기 때문이다.[20]

르네 지라르는 이 오이디푸스 콤플렉스에 엄정한 비판을 제시하며 나름의 기여를 했다. 아버지와 아들이 언제나 대립관계는 아니었으며, 아주 오랫동안 절대권력을 구현했던 아버지가 경쟁심의 근원이 되기에는 아이의 의식 속에서 너무 높은 위치를 차지하기 때문이라고 설명했다. 오히려 세상을 이끄는 것은 형제간의 투쟁이다. "신화에서 형제간의 투쟁보다 더 자주 등장하는 투쟁은 없다. 카인과 아벨, 야곱과 에서, 에테오클레스와 폴리네이케스, 로물루스와 레무스, 사자왕 리처드와 실지왕 존에 이르기까지……."[21] 형제간 투쟁의 원인은 지라르가 모방적 경쟁관계라 부른 것에 있다. "모든 욕망 속에는 주체와 객체뿐 아니라 '경쟁자'라는 제3의 용어가 존재한다. 주체는 자신의 고유한 특성 때문에 객체를 욕망하는 것이 아니라, 경쟁자가 객체를 욕망하기 때문에 그것을 욕망한다. 사실상 주체는 경쟁자라는 이 타자가 자신에게 '객체를 욕망해야만 한다'고 말해주기를 기다리는 셈이다." 지라르는 형제야말로 전형적인 경쟁자로 자리잡는 존재라고 봤다.

형제간의 투쟁을 폭력의 기반으로 삼으면서, 지라르는 프로이트의 오이디푸스 콤플렉스 해석을 비난했다. 그는 현대사회가 도래하고 나서야 아버지의 지위가 격하되어 형제의 지위에 근접해졌다고 봤다. "오이디푸스 콤플렉스의 황금기는 아버지의 지위가 약화되긴 했지만 전적으로 실추되지는 않은 세계, 즉 지난 몇 세기 동안의 서구 가정 속에 자리한다. 차이의 와해가 증대하기 시작한 세계에서, 아버지는 최초의 롤모델이자 장애물이 된 것이다."

지라르는 커뮤니케이션 이론에서 밝혀진 '이중 구속double bind'[22]이라는 개념으로부터, 아버지를 향한 투쟁의 현대적 상황을 발전시켜나갔다. 이중 구속이란 예컨대 "자발적으로 행동해라!"나 "이 표지판을 읽지 마시오!"와 같은 모순적인 명령을 말한다. 지라르에 따르면, 아버지는 아들에게 "나처럼 하렴, 나를 따라하렴!"이라고 말하면서, 막상 아들이 그것을 실행하면 그를 나무란다. 아들이 자기 자리를 빼앗으려 한다고 여기기라도 하듯, 아들의 복종을 공격으로 받아들이는 것이다. 따라서 이중 구속의 구조는 아버지의 규범이 약해지지만 아예 사라지지는 않은 과도기의 병리학적 증상처럼 나타난다. "정신분석학의 갑작스러운 출현은 현대

세계가 도래하면서 역사적으로 결정되었던 사실이다. (…) 아버지가 적어질수록 더 많은 오이디푸스가 어리석은 짓을 저지른다." 여기서 짚고 넘어가야 할 점이 있는데, 지라르는 서양이 전통적인 수치심의 시대에서 죄책감의 시대로 넘어가는 과정에 관해 노르베르트 엘리아스가 제안한 연대 추정에 은연중 동의했다는 것이다.[23]

　　반드시 아버지와 형제 중 하나를 골라야만 인간의 욕망을 이해할 수 있을까? 그런 생각은 제쳐두도록 하자. 인간 욕망에 대한 두 가지 분석 방식은 모든 개인에게 존재하는 욕구들의 차원을 하나씩 탐색하는 셈이다. 일 속에서 자신을 승화시키려는 심리적 욕구와, 정체성을 구성하게 해주는, 자아 바깥에서 롤모델을 찾으려는 사회적 욕구가 그 대상이다. 이 두 방식은 그것이 만족할 줄 모르는 초자아 때문이든, 본디 지칠 줄 모르는 모방적 경쟁관계 때문이든, 이러한 과업이 왜 끝없이 다시 시작되어야 하는지를 제 나름의 방식으로 보여준다.

15. 이중 구속

이러한 고뇌의 주원인은 이미 르네 지라르가
분석했던 '이중 구속'이다. 근로자를 향해
"주체적으로 살아라, 주도권을 잡아라"라고 말하면서도,
프로그램이 끼어들어가는 공정을 점차 늘려서
근로자의 자율성을 사실상 일절 금지한다.
무기를 돌려줄 마음이 없는 권위적 사회의
이 절충적 제도를, 이제는 노동계가 경험하는 것이다.

서구사회를 가로지르는 도덕적, 정치적 위기는 우리가 성장의 불
확실성을 받아들일 준비가 되어 있다는 사실에 아주 많은 빚을
지고 있다. 성장이 강력하거나 약함에 따라, 개인은 자신이 세상
에 통합되기 위해 묵인해야 하는 노력, 일자리를 찾거나 주변인
과 어깨를 나란히 하려는 노력에 보상받거나 처벌받는다. 성장세
가 강할 때는 사회를 향한 믿음이 다시금 생겨나고, 반대로 예상
보다 성장세가 약할 때는 비관론이 다시 자리잡는다.

벤자민 프리드먼은 '경제성장의 도덕적 결과'라고 명명한 것을 분석하면서, 미국 및 유럽 정계의 큰 흐름을 경제적 분위기를 고려하여 면밀히 조사했다. 조사 결과에 따르면 미국의 위대한 '진보주의적' 시기는 강력한 성장세와 거의 늘 맞물렸다. 1865년부터 1880년, 이후 1895년부터 1919년까지 이어지는 진보주의적 시기, 혹은 전후의 시민운동 시기가 좋은 예다. 반대로, 경제위기는 포퓰리즘적 운동의 부상(1880~1895), KKK단의 급증(1920~1929) 혹은 위기 기간의 보수혁명(1973~1993)을 촉발시켰다.

프랑스에서 제3공화국의 개혁기, 전후 개혁, 68년 5월의 문화혁명은 모두 경제적 팽창기에 발생했다. 반대로, 불랑제 장군 지지 운동, 악시옹 프랑세즈(1940년까지 영향력을 행사한 반공화정 우익 단체─옮긴이), 파시즘적 폭력, 비시 정부, 국민전선의 부상은 경제적 위기와 동시에 발생했다. 독일에서 시민적, 사회적 권리의 팽창기(독일 통합, 빌리 브란트의 개혁)는 성장기에 발생했다. 1930년대 나치즘의 급부상, 반이민 정서의 악화는 심각한 침체기에 일어났다.

이러한 상관관계에서 일부 드물지만 중요한 예외가 존재한다. 1930년대 최악의 위기에 시행된 루스벨트 전 대통령의 뉴딜 정책, 프랑스에 다시금 위기가 덮쳤을 때 당선된 인민전선(프랑스의 극좌파당─옮긴이)이 가장 대표적인 사례다. 이 예들은 정치에 나름의 역할이 존재함을 보여준다. 루스벨트는 후버의 실패를 공식적으로 확인하는 역할을 했고, 인민전선은 피에르 라발 전 총리의 긴축 정책을 중단시켰다. 루스벨트가 뉴딜 정책을 펼쳤던 당시, 미국에서는 인종주의와 반유대주의가 다시 기승을 부렸다. 필립 로스의 책『미국을 노린 음모The Plot Against America』는 대서양 횡단 비행에 성공하여 국민적 영웅이 된 비행사 찰스 린드버그가 극우파(존 케네디의 아버지 조지프 케네디가 속한)의 지도자가 되어 대선에서 승리한다는 있을 법한(하지만 가상의) 이야기를 들려준다. 하지만 독일의 나치당 급부상은, 미국에서 나치당을 본받으려 했던 이들에게 얼마쯤 찬물을 끼얹는 역할을 했다.

반포드주의

영광의 30년(1945~1975) 동안의 엄청난 희망은 성장이 산업기에 사용했던 메커니즘의 위력을 잘 보여준다. 당시에는 일용품의 소비량을 가지고 어느 계급이 다른 계급에 '뒤처졌다'고 통상적으로 말하곤 했다. 예컨대 TV는 1950년대 초에 등장했을 때 인구의 단 1퍼센트만이 보유했지만, 20년 후에는 고위 임원이나 노동자나 동일한 보급률을 자랑했다. 또한 1959년 자동차를 보유한 고위 임원의 비율은 1970년에 자동차를 보유한 농가의 비율과 동일해졌다. 이렇게 비교를 하다보면 농부나 노동자, 고위 임원 사이에 몇 년의 간격이 존재하는지를 세는 버릇이 생겨난다. 예컨대 최빈민층의 경우 자동차는 15년, 냉장고는 9년, 세탁기는 7년 뒤처졌다. 이리하여 모두가 제자리에 그대로 머물면서 타인을 따라잡는 꿈을 꿀 수 있는 사회의 기적이 실현된 것이다.

이 시기는 포드주의라는 용어와 관련이 있다. 헨리 포드는 봉급을 두 배로 올려서 자사 노동자의 의욕을 고취시킨다는 기발하고도 놀라운 아이디어를 생각해냈다. 라인 공정 노동에 뒤따르는 높은 결석율과 사기 저하에 맞서는 것이 그 목표였다.『회고록』에서 포드는 자신이 그렇게 많은 돈을 벌기 시작한 것은 바로 그날 이후였다고 말했다. 포드의 아이디어는 기업이 부를 생산하는 동시에 공유하는 장소처럼 보일 수 있는 산업자본주의 황금기의 전조였다. 1913년부터 1973년까지 이어진 바로 이 모델이, 영광의 30년이 끝나며 일소되었던 것이다.

여러 강력한 영향력이 결합하면서 산업계는 변화했다. 제일 먼저 정보과학이 전기를 대신해 지배적 기술로 자리잡았다. 석탄, 이후 석유 기반의 앞선 두 산업혁명에 비해, 디지털 혁명은 신에너지(혹은 이 신에너지를 보급할 수단)를 제공하지 않았던 대신, 조직체의 운영을 달리 생각하는 방식을 제공했다. 디지털 혁명은 기업이 주변 환경, 하청 업체, 발주처 등과 커뮤니케이션하는 비용을 획기적으로 줄여줌으로써, 기업과 그 생태계 간의 경계를 근본적으로 재정의했다. 기업가의 꿈은 공장 없는 기업, 노동자 없는 기업이라는 꿈으로 변모했다. 아웃소싱은 반복 노동을 대신해 노동의 기본 원칙으로 자리잡았다.

디지털 시대의 이 같은 기업 변화는, 마치 전기의 힘만으로 라인 공정을 이끌어낸 것이 아닌 것처럼, 단지 정보과학의 탄생만으로 생겨난 것이 아니었다. 사실 조직의 혁신은 인터넷이 등장하기 전에 시작되었다. 정보과학 외에 또 다른 강력한 영향력, 즉 금융혁명이 결정적인 역할을 했던 것이다.

1980년대부터 연기금과 그 외 기관 투자자들이 기업 경영에 다시 손대기 시작했다. 이들은 제일 먼저 기업 경영자의 인센티브 개혁에 나섰다. 경영자와 피고용자 간의 이익 담합을 일체 막기 위해, 새로운 형태의 거버넌스를 제정했다. 경영자를 임금노동자에서 제외한 뒤 그의 보수를 기업의 주식 성과에 연동시켰다. 과거의 기업 경영자는 자사 근로자의 임금을 올리지 않더라도 자신의 임금만은 올릴 수 있었지만, 새로운 인센티브 제도는 정확히 그 반대 결과를 초래했다. 경영자의 소득이 오르려면, 주가가 올라야 하며 따라서 급여 비용이 최대한 줄어들어야 한다.

1980년대 후반부에 등장한 세 번째 핵심 요소, 즉 세계화는 가치 사슬망의 재편을 부추겼다. 세계화는 자본주의의 판을 어마어마하게 확대하여 국제 분업을 재구성하기에 이르렀다. 기업에서는 인도의 회계 사무소에서부터 중국의 아이폰 생산 공장에 이르기까지 천차만별의 직종을 자랑하는 세계 곳곳으로 하청을 맡기는 법을 익혔다. 그리하여 아웃소싱은 전 세계적인 현상이 되었다.

요컨대 디지털화, 금융화, 세계화라는 이 세 가지의 급격한 변화가 결합해 자본주의의 새로운 '대격변'을 촉발했다. 그리고 이 새로운 자본주의는 그 정신이나 방식을 비롯한 모든 면에서 포드주의 시대의 자본주의와는 완전히 대비되었다. 엄격하지만 효과적인, 일종의 안도감을 보장했던 기업의—값비싼 대가를 치르고 얻어낸—균형은 산산조각 나버렸다. 기업의 보호적 기능이 물거품으로 돌아갔던 것이다.

모순적 명령

포드주의 모델의 해체에 이어, 기업들은 스트레스를 통한 관리라는 새로운 동기부여 방식을 고안해냈다. 이 새로운 관리 방식은 필리프 아스케나지가 선구적인 저서 『현대적 성장』[24]에서 인용한 국립노동 환경개선청Anact의 어느 보고서로 완벽하게 요약된다. "우수성을 기준으로 하는 관리 방식(품질 분임조, 의견 표명 집단)은 기업을 근로자가 성장해나가야 하는 행동 장소처럼 내세운다. 개인의 우수성과 성과를 높이 평가하고, 가장 힘든 부서의 교대 근무를 늘려가는 식으로 관찰되는 다양한 근무 형태는 파괴적인 영향을 가져온다. 낙담, 소외 현상, 은밀한 경쟁, 경쟁관계의 팽배가 그것이다." '번아웃burn out' 증후군(일에 몰두하던 사람이 극도의 피로감으로 인해 무기력해지는 증상—옮긴이)은 21세기의 새로운 병이다.[25] 현대세계에서 이제 더는 기계가 아니라 인류 자신이 작동 불능이 된 셈이다.

이러한 고뇌의 주원인은 이미 르네 지라르가 분석했던 '이중 구속'이다. 근로자를 향해 "주체적으로 살아라, 주도권을 잡아라"라고 말하면서도, 프로그램이 끼어들어가는 공정을 점차 늘려서 근로자의 자율성을 사실상 일절 금지한다. 무기를 돌려줄 마음이 없는 권위적 사회의 이 절충적 제도를, 이제는 노동계가 경험하는 것이다. 르네 지라르를 패러디하자면, 위계적인 모델은 약화될수록 더더욱 어리석은 짓을 저지른다고도 말할 수 있겠다.[26]

프로이트는 신경증에 걸린 개인은 외부세계로부터 보호받으려 한다고 말했다. 사회학자 알랭 에랭베르[27]는 현대의 정신병은 더는 신경증이 아니라 우울증이며, 개인이 세계의 기대치에 '미치지 못할 때' 이 우울증이 발생한다고 봤다.

우울증의 '경제적 문제'는 그것에 걸린 사람을 비생산적으로 만든다는 데 있다. 우울증 환자들은 복잡한 문제를 해결하는 것뿐 아니라 하루 일과를 짜는 것조차 어려워한다는 사실이 여러 연구에서 확인되었다. 반대로, 쾌활한 사람들은 최상의 친구이자 동료, 이웃, 나아가 최고의 시민이다. 행복의 감정이 협력과 창조성을 자극하기 때문이다. 예컨대 어느 집단의 아동에게는 초콜릿 쿠키를, 다른 집단의 아동에게는 순무를 주는 경우, 두 번째 집단보다 첫 번째 집단이 복잡한 문제를 해결하는 데 훨씬 더 끈기를 보인다. 어느 연구에서는 불행한 사람은 생산성이 약 10퍼센트 떨어진다고 봤다.[28] 반대로, '일하기 좋은 미국의 100대 기업100 best companies to work for in America' 목록에 이름이 오른 기업들은 고유의 특성을 참작하는 한, 다른 기업보다 수익률이 훨씬 높다.

일의 만족도는 삶의 기쁨 가운데서 핵심적인 요소다. 일에 무엇을 바라는지에 관해 질문받은 응답자 중 60퍼센트가 안정성을 언급했지만, 흥미로운 일자리가 그다음 순위를 차지했으며(50퍼센트), 그다음이 일의 자율성(30퍼센트)이었다. 임금 자체는 맨 마지막을 차지했다(20퍼센트). 실업의 영향에는 단지 소득을 잃는 것뿐만 아니라 사회적 지위, 자존감, 타인과의 유대관계를 잃는 것이 포함된다. 반대로, (학생일 경우) 경제적인 성공을 바란다고 대답한 응답자는 (20년 후) 다른 이들보다 훨씬 더 낮은 만족도를 기록했다.

행복은 더 나은 사회적 관계에 기여하는 자기 충족적self-fulfilling 현상이며, 이 사회적 관계 또한 행복의 한 요소다. 뿐만 아니라 당사자의 건강까지 개선시킨다. 예컨대 '긍정적 감정'을 지닌 사람은 염증성, 심혈관계, 신경내분비계 질환에 훨씬 덜 걸린다. 긍정적인 기분은 영양 섭취의 질에, 따라서 건강에 직접적인 영향을 준다. '신경질적인 사람들'은 과일보다는 '정크푸드'와 팝콘을 먹는다. 우울한 사람은 그렇지 않은 사람보다 비만이 될 확률이 훨씬 더 높으며 흡연자가 될 확률은 두 배 더 높다. 일부 추산에 따르면, 가장 행복한 사람은 가장 불행한 사람보다 10년 더 오래 산다. 마찬가지로, 어느 문학 연구에서는 긍정적인 단어(생기발랄한, 원기왕성한 등)를 사용해 자서전을 썼던 작가들이 훨씬 더 오래 살았음이 입증되었다.

행복은 활짝 열린 학습의 장이나 마찬가지지만, 문제는 어떻게 사람들을 행복하게 만드느냐는 것이다. 일부 학자는 "더 행복해지려는 것은 위대해지려는 것만큼이나 의미 없는 일"이라고도 말한다. 예컨대 (일란성 혹은 이란성) 쌍둥이의 분석은, 특히 이들이 서로 다른 가정에서 양육되었을 때, '당신은 행복합니까?'라는 질문에 '네'라고 대답하는 성향을 포함하여 성격적 특징 중 적어도 50퍼센트는 유전자에서 나온다는 사실을 보여준다. 그러나 행복의 성향이 유전적 형질에 일부 좌우된다는 점을 받아들이더라도, 그것이 사람들을 행복으로 이끌기를 포기하는 결과로 이어져서는 안 된다.

IQ 테스트야말로 얼마든 있을 수 있는 오해 중 하나다. IQ 테스트 결과는 유전적 영향이 75퍼센트에 달하는 것으로 나타났지만, 지난 한 세기 동안 IQ 테스트 결과는 상당히 변화했다. IQ는 사회적 환경에 영향을 받는 가변적 수치인 셈이다. 키, 몸무게, 평균 수명 또한 유전적 영향이 대부분을 차지하는 특징이지만, 의학과 위생(특히 식품 위생)의 진보에 힘입어 지난 세기 동안 전부 상당히 변했다. 마찬가지로, 실업의 경험은 안락감을 지속적으로 떨어뜨리며 (심지어 다시 일자리를 찾은 뒤에도) 정상으로 되돌아오는 데 아주 긴 시간이 걸린다. 여기서도 사회적 여건들이 핵심적인 역할을 한다. 따라서 행복에는 사회적 현상으로 설명되는 중대한 부분이 존재하며, 이 사회적 현상은 사회가 그 해결을 도와

야만 한다. 그리고 실제로 일부 사회는 다른 사회보다 훨씬 더 잘 해결하고 있다.

16.

덴마크처럼 하려면
어떻게 해야 할까?

성장이 강력하면 기업은 한창 증가 일로에 있는
자사 생산품의 판로를 찾을 것임을 확신하기 때문에
고용을 하는 편의 수익성이 높다. 반면 저속 성장하는
사회는 재취업 기간이 길어지는 경향이 있다.
새 직장을 찾을 때까지 기다리는 시간은 경제위기
시에는 두 배로 길어지고, 실업률 역시 두 배로
치솟을 수 있다. 이는 분명 실업자 본인에게도,
공공 재정에도 곤란한 상황이다.

모든 사회가 현대사회의 여정을 다 같은 방식으로 통과하지는 않
는다. 덴마크는 후기 산업사회로의 행복한 이행을 완수해낸 대표
적 사례로 종종 일컬어진다. 전 세계를 대상으로 한 설문조사에
따르면, 덴마크는 세계에서 가장 행복한 나라 중 하나이기도 하
다. 덴마크인에게 행복지수를 1부터 10까지의 점수로 표현해보라
고 하면, 평균 8점의 대답을 내놓는다. 8점이면 아주 높은 점수
아닌가. 덴마크 외에 세상에서 가장 행복한 나라 다섯 군데는 핀

란드, 노르웨이, 네덜란드, 캐나다 그리고 코스타리카다. 세상에서 가장 불행한 나라 여섯 군데는 토고, 베냉, 중앙아프리카공화국, 시에라리온, 부룬디, 코모로다.

이 현상을 분석하는 학자들 입장에서는, 행복지수의 최고점과 최저점 간의 격차를 설명해주는 지표가 너무 많아 무엇을 고를지 곤란할 지경이다. 가장 행복한 국가는 가장 불행한 국가에 비해 소득이 40배 높으며, 평균 수명은 28년 더 길다. 가장 행복한 국가의 국민은 가장 불행한 국가의 국민에 비해 곤란한 상황에서도 친구가 두 배 더 많으며, 해방감을 훨씬 더 많이 느낄 뿐 아니라(94퍼센트 대 63퍼센트), 정부의 정직성을 훨씬 덜 의심한다(33퍼센트 대 85퍼센트).

행복지수를 1에서 10까지의 점수로 나타낼 때, 세계적인 평균은 5점이며 유럽의 경우 7점, 미국과 호주, 뉴질랜드는 8점이다. 본디 영국 사회 최하층 출신의 죄수들이 개척한 호주는 오늘날 평화롭고 윤택한 사회를 이룰 능력이 된다. 이 사실만으로도, 행복의 (평균적인) 유전적 영향이라는 개념을 전적으로 폐기하기에 충분하다. 프랑스는 스페인과 멕시코 사이에서 23위를 차지했다. 그래도 이탈리아, 독일, 일본보다는 높은 순위였는데, 일본은 전 세계 44위를 차지하며 선진국 중 최하위를 기록했다. 또한 중국은 예외적인 경제성장을 이룩했음에도 모잠비크와 말라위 사이에 자리잡으며 하위 30퍼센트에 속했다는 점에 주목하자.

왜 덴마크가 선두를 차지했을까? 핵심을 바로 말하자면, 덴마크야말로 국민이 자기 자신 그리고 자국의 제도를 신뢰하는 사회의 전형적인 사례이기 때문이다.[29] 덴마크 국민 중 4분의 3이 타인을 신뢰할 수 있다고 생각한다. 친구나 동료뿐 아니라, 길거리의 모르는 사람들조차 말이다. 거리를 걸어다녀도 아무런 위협이 없으며(안전하며), 타인의 호의에 의지해도 전혀 위험할 일이 없다. 『리더스다이제스트』는 한 가지 실험을 했는데, 소유자의 주소가 들어 있는 (가짜) 분실 지갑을 일부 도시에 놓아두도록 했다. 노르웨이와 덴마크에서는 지갑들이 단 하나도 빠짐없이 돈에는 전혀 손을 대지 않은 채, 원래 소유자에게로 되돌아왔다. 다른 국가에서 이 비율은 50퍼센트 이하였다.

덴마크는 유럽에서 가장 부패하지 않은 국가다. 이곳에서는 민주주의 또한 그 자체로 행복의 한 요소다. 덴마크 드라마 「여총리 비르기트」를 본 사람이라면 그 이유를 이해할 것이다. 이 드라마는 덴마크 여총리의 소박한 삶을 그려낸다. 초등학교에 다니는 아들을 데리러 가려고 내각 회의를 중단시키는 이 총리는, 정치적 술수와 정치판의 간교한 계책 및 협잡이라고는 하나도 모르는 인물이다. 다만 지혜롭고도 (거의) 냉소적이지 않은 태도로, 권력의 합리적인 행사라는 아슬아슬한 줄타기를 해낸다.[30]

덴마크 사회는 역동적이다. 단체 수가 날로 증가하고 자원봉사자 역시 성장세다. 유럽에서는 응답자 중 평균 60퍼센트가 최소 주 1회 직장 외 장소에서 친구, 친척, 동료 등을 만난다고 대답했다. 덴마크에서는 이렇게 대답하는 응답자가 평균 80퍼센트에 달한다. 덴마크 국민 중 200만 명이 자원봉사 단체, 축구 모임, 문맹 퇴치 강의에 참가한다. '덴마크인은 세 명만 모이면 클럽을 만든다'는 덴마크 유머가 무색하지 않을 정도로, 오늘날 덴마크는 10만 개에 달하는 클럽 수를 자랑한다. 봉사활동을 공급된 일자리의 기회비용으로 산정한다면, GDP의 10퍼센트를 차지할 정도다.

다른 국가들에서는 의료 및 교육 서비스, 주택 관련 불평등이 이러한 행복지수 격차의 상당 부분을 설명해주는 고통과 불안감의 요인이 된다. 반면 병에 걸릴 경우 치료를 받을 수 있고, 일자리를 잃을 경우 누군가가 부양을 해준다는 확신은 안심이 되는 요소다. 이것이 바로 예컨대 덴마크와 미국의 차이를 설명하는 관건인 셈이다.[31]

덴마크의 노동 환경 또한 만족감의 원인이다. 덴마크는 '유럽 내 노동의 질' 순위에서 최상위를 기록했다. 덴마크인들은 일반적으로 직장에서 행복한 편인데, 서로에 대한 신뢰는 너그러운 업무 위임에 도움이 된다. 덴마크 근로자는 다른 나라 근로자보다 더 강력한 자율성을 보장받는다. 덴마크인은 연중 1522시간 일하는데, OECD 국가들의 연중 근로 시간은 평균 1776시간에 달한다. 이런 자율성 덕분에 덴마크 근로자는 필요한 경우 자택근무를 하기도 한다(전체 근로자의 17퍼센트). 덴마크인 중 소수만이 직장 내 분노(13퍼센트)나 스트레스(21퍼센트)를 경험했다고 밝혔다. 집과 직장 사이의 거리가 가까운 만큼 통근 시간 또한 짧다. 이 요인은 다른 수많은 국가에서 불행의 원인이기도 하다. 텍사스의 여성 행복에 관한 연구에서는 통근 시간이야말로 부정적 요인 중 1위로 꼽히기도 했다.

더 나아가, '덴마크식 유연안전성(고용시장의 유연성과 안정성을 동시에 추구하는 덴마크의 고용복지 제도―옮긴이)' 정책은 근로자를 실업의 위험으로부터 보호해준다. 이 정책은 세 가지 측면에 중점을 둔다. 고용 보호는 완화하되, 상당히 관대한 실업 보상금을 보장하고(최대 4), 강력한 재취업 정책을 펼치는 것이다. 덴마크식 모델은 독창적이며, 강력한 고용 보호를 자랑하는 스웨덴과 비교해도 크게 다르다. 국민의 88퍼센트가 노조에 가입해 있는데, 이 점은 고용 유연성 덕분에 고용주가 근로자를 쉽게 해고할 수 있는 덴마크에서 피고용자를 보호해주는 역할을 한다. 기초 교육의 수준이 굉장히 높은 만큼, 덴마크는 직업 교육도 굉장히 효과적이다. 모든 것은 재취업을 보장하도록, 그리고 적합한 교육을 제안하여 이직 기간이 근로자에게 유용하도록 이루어진다.

덴마크식 모델은 실업의 원인 그리고 실업과 성장의 관계와 관련된 근본적인 질문을 명확히 밝혀주었다. 창출되는 일자리의 총량으로 볼 때 성장은 보통 희소식이다. 그 이유는 쉽게 이해할 수 있다. 성장이 강력하면 기업은 한창 증가 일로에 있는 자사 생산품의 판로를 찾을 것임을 확신하기 때문에 고용을 하는 편의 수익성이 높다. 반면, 저속 성장하는 사회는 재취업 기간이 길어지는 경향이 있다. 새 직장을 찾을 때까지 기다리는 시간은 경제 위기 시에는 두 배로 길어지고, 실업률 역시 두 배로 치솟을 수 있다.[32] 이는 분명 실업자 본인에게도, 공공 재정에도 곤란한 상황이다. 하지만 잘 관리된 이직 기간은 하나의 기회가 될 수 있다. 직장생활의 끝없는 우여곡절과 마주하여, 근로자의 사기를 저하시키는 대신 새로운 활력을 되찾게 해줄 수도 있다. 바로 이러한 토양을 바탕으로 덴마크식 모델은 하나의 기준으로 자리잡은 것이다.

덴마크라는 거울에 비춰본 프랑스

프랑스는 모든 면에서 덴마크와는 정반대다. 프랑스인들은 정의, 정당, 노조 등 요컨대 '타인'을 신뢰하는 문제에 관해서라면, 다른 나라의 국민에 비해 훨씬 더 철저하게 비관적이다. 세계 가치관 조사에 따르면, "다른 사람을 신뢰할 수 있습니까?"라는 질문에, 프랑스인 중 80퍼센트가 "아무리 의심해도 지나치지 않는다"고 답변했다. 얀 알강과 피에르 카위크의 저서 『불신의 사회: 프랑스적 모델은 어떻게 스스로를 파괴하는가』[33]는 이 논의를 훌륭히 개진했다. 저자들이 이용한 설문조사에는 한 국가의 국민이 느끼는 불안감 수준과 타인에 대한 신뢰 결여 사이에 강력한 연관관계가 존재했다. 알강과 카위크에 따르면, "부당하게 취급당하거나, 신뢰관계에서 배신당하는 경험은 최소한 그 화폐적 비용만큼이나 심리적 비용도 상당하다." 이 불신이라는 요인이야말로 프랑스적 불안의 원인인 셈이다.

울리히 벡은 1999년에 출간한 『위험사회』에서 산업사회 이전의 위험과 현대사회의 위험 간의 근본적인 차이를 밝혔다. 과거에는 흉작과 영아 사망이 전혀 손쓸 방도가 없는 위험에 포함되었다. 신, 운수, 운명에 기대고 기도하는 것 외에는 아무것도 할 수 없었다. 오늘날에도 그 정도로 위협적인 위험이 팽배한다. 그러나 우리는 그 위험이 인간의 손으로 만들어진 것임을 안다. 실직, 혹은 냉전 동안의 핵전쟁 가능성, 오늘날의 기후변화나 테러리즘의 위협 등이 대표적인 사례다. 울리히 벡은 이 같은 관점의 변화로 인해, 우리가 삶의 (거대한) 파란에 부여하는 의미가 급변했다고 봤다. 실직은 흉작을 경험하는 것과 전혀 같지 않다. 비록 경제적 차원으로 보자면 그 결과는 꼭 같지만 말이다.[34]

프랑스인들은 사회 협력에 관해서라면 가장 비관적인 국민 중 하나다. 다른 나라 국민에 비해, 이기주의가 개인 상호 간의 관계를 지배한다고 보는 경향이 훨씬 더 높다. 프랑스인 3분의 2는 "각 개인은 타인이 말하는 바, 혹은 하는 바에 그리 큰 관심을 기울이는 일 없이, 자기 문제에만 전념해야 한다"고 답했다. 타인의 신뢰와 관련하여, 프랑스는 과거 동구권 국가들과 나란히 전세계 최하위를 기록했다.

또한 프랑스인들은 자국의 제도에 대한 신뢰도가 낮다. 그들은 국가의 개입을 요구하는 시장과 노조를 동시에 불신하며 국가의 개입을 요구한다. 국가의 개입은 프랑스인들이 [시장과 노조에 대한] 이중의 불신을 유지하도록 하지만, 그렇다고 공공 권력을 신뢰한다는 의미는 또 전혀 아니다. 프랑스에서 "정부가 각종 결정을 위계적으로 중앙집권화한다면", 모든 내용의 "사회적 대화는 종결"되기 마련이다.[35] 자국의 제도를 훨씬 더 신뢰하는 덴마크인들은 이 자국 제도의 선용에서 훨씬 더 앞서나갈 수 있다.

세계 어디에서나, 평균보다 훨씬 더 높은 소득은 사람을 훨씬 더 행복하게 해준다(타인에 비해 자신의 우위를 확인하는 것은 만족감을 준다). 그렇지만 다른 나라들에 비해 프랑스에서는 그 정도가 덜하다. 고소득 직종에서 근무하는 개인(기업 경영자, 고위 임원)은 다른 나라들에 비해 프랑스의 경우 유독 불행하다고 말했다. 소속 기업에 대한 피고용자의 호혜성 수준이 낮다는 것은 또 다른 직장 내 불안 증상이다. 앤드루 클라크가 제안한 분석에 따르면, 단 25퍼센트의 프랑스인만이 소속 기업을 돕기 위해 더 많이 일하는 것에 찬성하거나 전적으로 찬성한다고 대답했다. 이는 선진국 가운데서 가장 낮은 비율이다. 제일 높은 비율을 기록한 곳은 79퍼센트가 찬성한 미국이며, 덴마크는 66퍼센트가 찬성했다.

프랑스적 정신의 구성

이러한 비관론에서 프랑스 문화의 지워지지 않는 흔적을 찾아내는 것은 그 자체로 유혹적인 일이다. 일단은 프랑스가 강력한 위계적 정부 구조를 계승했으며, 이 위계적 구조는 (관례적으로) 수평적 상호작용을 침체시키는 결과를 가져왔음을 되새겨볼 수 있다. 한편 필리프 디리반은 사실상 프랑스의 모순적인 두 문화, 즉 가톨릭교회 문화와 귀족 문화가 단 한 번도 화해한 적이 없다고 설명하며 프랑스의 심리를 분석했다. 전자는 평등을, 후자는 그 반대를 설파했다. 디리반에 따르면, 프랑스인들이 궁지에서 벗어날 방법은 위선밖에 없었다. 모든 인간이 평등하다는 교회의 말을 믿는 척하면서, 그 누구도 속이지 못하는 완전히 다른 행렬들로 사람들을 줄 세워놓았다.

그렇지만 알강과 카위크의 연구는 프랑스적 비관론이 이러한 장기간의 분석(물론 여전히 유효하지만)이 시사하는 바보다 훨씬 더 최근의 것이라는 점을 보여주는 데 집중한다. 이 연구는 프랑스의 사고방식의 변화를, 유럽 출신 미국인들의 사고방식을 객관적인 거울로 삼아 제1세대 이민이 이루어졌던 날짜에 따라 분석했다는 것이 독창적이다.[36] 그 결과는 다음과 같다. 미국에 1935년 이전에 도착한 프랑스 출신의 이민자 조상을 둔 미국인들은 같은 시기에 미국에 온 스웨덴 이민자의 후손보다 훨씬 더 높은 '신뢰도'를 보였다. 이러한 위계질서는 1935년 이후 반전되었다. 이 시점 이후, 프랑스 출신 이민자의 사기는 스웨덴 출신 이민자의 사기에 비해 훨씬 더 낮았다.

앙리 루소의 이론을 빌려, 얀 알강과 피에르 카위크는

'비시 신드롬'을 프랑스의 신뢰를 깨뜨린 요인 중 하나로 봤다. 비시 신드롬이라는 상흔은 프랑스어에 여전히 남아 있다. 'collaboration(본래는 협력이라는 의미이나, '제2차 세계대전 당시 비시 정부의 나치 부역 행위'만을 의미하는 단어로 그 정의가 축소되었다─옮긴이)'이란 단어는 어휘 목록에서 사라져버렸다. 이후 제2차 세계대전이 끝나자, 프랑스가 전쟁에서 승리했다고 말하는 드골주의가 거부의 문화를 일깨웠는데, 이런 프랑스적 경향을 디리반이 분석한 바 있다. 프랑스가 자국의 과거 권세에 대한 신뢰를 되찾는 데 무의식적으로 매달렸던 인도차이나 전쟁, 알제리 전쟁 이후, 인도차이나 식민 통치, 이후 알제리 식민 통치가 종결되며 최후의 일격이 이뤄졌다.

68혁명은 모순적인 순간처럼 보였다. 프랑스 청년들은 드골 장군을 좌천시키며 최고 권력의 자리에 올랐고, 프랑스의 정신에 해방을 가져다줄 길을 열었다. 그러나 마치 신들이 앙갚음이라도 한 듯, 1970년대의 위기가 프랑스를 강력하게 덮치며 판세를 뒤집었다.

17. 사회적 족내혼

상황은 그렇게 간단하지 않다.
사회적 족내혼은 또 다른 비극을 예비한다.
비슷한 사람끼리만 모일 수밖에 없는 세상에서,
유사성은 또 다른 가능성들을 배제함으로써
저주가 되었다. 유사성이 일종의 감옥이 되어
그에 사로잡힌 사람들에게 사회적
폐소공포증을 유발하는 것이다.

프랑스인들은 평등의 열정을 지닌 국민으로 유명하지만, 돌이켜
보면 후기 산업사회의 정밀한 세상보다는 과거 공장식의 권위적
기틀을 좀더 편안해했다. 프랑스는 이러한 근본적인 질문과 맞닥
뜨렸다. 민주주의의 이상이 평등을 장려하는데도 여전히 근본적
으로 불평등한 사회는 대체 어떠한 원칙을 기반으로 구성되는 것
일까? 이 질문은 이미 토크빌을 수없이 괴롭혔는데, 토크빌은 권
위적 사회가 평등사회로 이행하는 과정에 관해 나름의 방식으로

자문했다. "운수대로 타고나는 모든 특권이 파괴될 때, 모든 직업이 만인에게 가능해질 때, 누구나 자기 자신의 주인이 될 때, 무한하고 풍요로운 경력이 만인의 야망 앞에 문을 여는 듯 보인다. 그리고 사람들은 자신이 위대한 운명의 부름을 받았다고들 쉽사리 생각한다. 그러나 이는 틀린 생각이며, 매일의 경험을 통해 바로잡힌다. (…) 그들은 동포 중 일부에게 주어진 거슬리는 특권을 파괴했고, 이제는 만인과의 경쟁을 마주한 셈이다."[37]

토크빌은 민주주의의 이상이 타인과 어깨를 나란히 하려는 욕망에 불을 붙인다고 봤다. 그 어떠한 비교라도 부당하지 않으며, 누구나 정상에 올라서길 소망할 수 있는 것이다. 그는 고귀한 도덕적 가치이자 민주사회의 기치인 평등이 오히려 경쟁과 시샘이라는, 정반대의 특성들로 귀착된다고 봤다. 이 문제에 대한 산업사회의 해결책은 다음과 같았다. 누구나 물질재를 풍요롭게 사용할 수 있는 평등사회의 약속을 만들어내되, 각 개인을 원래 자리에 놔두는 위계적 생산 구조를 유지하는 것이다. 산업사회의 뒤를 이은 디지털 사회의 새로운 특징은, 상품이라는 중재적 요소를 점차 잃어버려 이제 더는 소통의 사회가 아니게 되고 있다는 점이다. 사회 관계, 입지 좋은 아파트, 자녀가 다닐 최상의 초등학교, 근사한 피서지 등의 누구나 바라는 희귀재는 기술적 진보로는 제공할 수 없다.

자신에 대한 신뢰를 유지하는 사회를 만드는 것은 만인에게 냉장고와 TV를 약속하는 것만으로도 충분했던 시대보다 훨씬 더 복잡해졌다. 이제 핵심적인 질문은 다음과 같다. 공장과 대중 소비가 더는 사회적 중재 역할을 하지 못할 때, 사회적 중재는 어떻게 이루어질까? 필연적인 대답 중 하나는 '사회적 족내혼social endogamy'이다. 같은 계급 출신의 개인들이 교제 범위를 점점 더 제한하여, 사회적 지위가 동등한 이들끼리 머무르며 평등 문제에 직면하길 피하는 것이다.

개리 베커의 결혼 이론은 여기서 관건이 되는 논리를 파악하게 해준다. 뛰어난 자유주의 이론가인 베커는 파트너를 물색하여 커플이 맺어지는 방식을 분석했다. 그가 설명한 방식은, 말하자면 비슷한 대학 출신끼리 결혼하는 것이다. 명문대생은 명문대생과, 수도권 대학생은 수도권 대학생과, 지방대생은 지방대생과, 그리고 고졸자는 고졸자끼리 만나 결혼하는 것이다. 최상위권은 최상위권끼리 어울리고, 나머지 사람들에게는 사실상 선택의 여지가 없다. 이는 자신과 비슷한 이를 선호하기 때문이 아니다. 보통은 남아 있는 유일한 시장, 즉 자신과 비슷한 처지에 있는 사람들의 시장으로 향할 수밖에 없기 때문이다. 가장 부유하고, 가장 많은 재산을 물려받은 이들의 이탈 현상은 사회 전반에 영향을 미친다.[38] 사회의 계층 사다리 아래쪽에 위치한 소외된 사람들은 자기네끼리 머무르는 것 외에 다른 선택지가 없다. 커플은 일반적으로 이런 식으로 이뤄지며, 적절한 만남을 발견하지 못할 경우 자신보다 낮은 계층의 사람을 만나기도 한다. 이미 사회 최하층에 있는 인구는 그조차 할 수 없으며, '거부당한 자'들의 할당량을 채울 뿐이다.

짝짓기 모형matching models의 전문가 앨빈 로스는 시장 모형이 (무한히) 복제 가능한 상품에 대한 가격이 존재한다는 생각에 기반을 둔다는 점을 상기시켰다. 그러나 덧붙이기를, 적어도 매우 중요한 결정에서는 이 모형이 규칙이 아니라 예외가 된다는 것이다. 결혼이나 주택, 자녀의 취학, 직장 등의 문제는 불가역성의 비용이 상당하다. 우리가 내리는 한두 가지—그 이상은 드물긴 하지만—선택은 일생 동안 영향력을 행사한다. 이런 경우로는 누구와 결혼할 것인가, 누구와 한집에 살 것인가, 내 자녀가 어떤 아이들과 같은 학교에 다니게 할 것인가 같은 예들이 있다. 즉, '누구와 함께 생활할 것인가'야말로 핵심적인 질문이다.[39] 족내혼은 모두가 대대손손 본래의 자리를 지키는 위계적 사회를 늘 구성해온 요소였다. 그러나 이 족내혼 현상이 계속 확대되며 더욱 뚜렷해진다는 사실은 민주사회가 품은 환상을 물거품으로 만들고 있다.

(반사회적) 엘리베이터

끝없이 나뉘는 경향을 지닌 이 세상에서 정보 커뮤니케이션 기술은 계략을 내놓았다. 짝짓기 조건을 개선시키며, 누구나 자유로이 드나들 수 있는 평평한 세계를 구축하여 아무런 차별이나 구분 없이 타인과 자유롭게 소통하게 해주겠다는 것이다. 하지만 사실상 커뮤니케이션 비용의 감소는 끼리끼리 소통하는 하부세계subworld를 구축하는 결과로 이어졌다. 경제지리학 전문가들은 이 사실을 진작 깨달았는데, 교통비가 줄어들었는데도 평평한 세상은 탄생하지 않았던 것이다. 교통비의 절감 현상은 지리를 재정의했고 이 새로운 지리는 평등과는 거리가 멀었다. 이 문제를 잘 보여주는 사소한 사례가 바로 엘리베이터다. 엘리베이터가 발명되기 전, 부자들은 3층에, 가난한 이들은 꼭대기 층에 살았다. 부자와 빈자는 계단에서 서로 마주치곤 했고, 서로 말은 섞지 않더라도 이들의 자녀는 대체로 같은 학교를 다녔다. 엘리베이터가 보급된 후에는 부자와 빈자가 다니는 건물이 서로 나뉘었다. 이 둘이 한 건물에 사는 경우는 절대 없었다. 부자와 빈자는 서로 다른 동네에 살았고, 이제 도시는 더 이상 사회적 혼합의 장소가 아니게 되었다.

마찬가지로, RER(프랑스 국영 광역급행전철)이 등장하면서 교외지역은 부촌에서 점점 더 멀어지는 경향을 보인다. 과거에는 교외의 노동자 거주지역이 도심에서 그렇게 멀리 떨어질 수 없었다. 노동자들이 직장까지 걸어서 다닐 수 있어야 했기 때문이다. RER이 생겨나면서 그 간격은 늘어났다. 파리의 향후 인구가 어떻게 되든 간에, 파리가 사르셀(프랑스의 교외지역으로 대표적인 빈민가—옮긴이)에 닿을 일은 절대 없는 것이다. 교외지역 주민들은 토요일 저녁이면 도심에서 사진을 잔뜩 찍고는 집으로 돌아간다. 새로운 도시부 장관이 취임할 때마다 목록을 작성하곤 하는 '어려운' 거주지역들은 훨씬 더 광대한 과정에서 두드러진 꼭짓점에 불과하다. 그리고 이 과정에서 각 사회 집단은 과거에는 가까웠던 상층부와의 거리가 점점 더 늘어나는 것을 목격한다.

사회 도처에서 일련의 폐쇄적 세계가 형성되고, 이 세계들은 내부적으로만 소통한다.[40] 미국에서 자크 돈즐로는 자신들만의 세계에 틀어박힌 채 고유한 게토를 형성하는 부자들의 폐쇄적 공동체가 어떻게 형성되는지를 보여주었다. 또한 프랑스에서 에리크 모랭은 사회계층의 족내혼적 결집 현상을 구체적으로 분석했다.[41] 그는 부유층 가구를 소득 상위 10퍼센트(월간 순소득 3500유로 내외)의 집단으로 정의했고, 통계청이 정의한 프랑스 지리상에서 약 4000개 지역에 밀집 거주한다고 간주했다. 모랭이 얻은 결과는 괄목할 만했다. 프랑스인 중 절반은, 이렇게 정의된 부유층 가구를 인근에서 절대 만나지 않는다는 것이다! 만일 인구 분포가 우연하게 이뤄졌다면 이 확률은 두 배로 늘어난다. 고학력 인구의 분포는 그보다 더더욱 불평등하다.[42]

과거에도 노동자, 작업반장, 엔지니어, 경영자는 역시 대립관계로 얽혀 있었지만, 그 덕분에 모두가 공유하는 산업계에서 각자의 소속감을 확인할 수 있었다. 오늘날 엔지니어들은 연구소 안에 있다. 관리지원직은 서비스 기업 내에 자리하며, 산업직은 하청을 주거나 기계화되거나 해외로 이전된다. 공장은 공터가 되었다. 일자리는 다른 곳에 있으며, 사람들은 더는 공장 안에서 마주치지 않는다.

미국의 노동 시장을 분석한 리처드 프리먼과 공저자들은 짝 짓기 논리가 생산 분야에 적용되는 방식을 연구했다. 이 연구에 따르면, 미국 내 불평등의 대부분은 직장에서 지급하는 (평균) 보수의 불평등에 따른 것이다.[43] 미국 내 불평등의 (단) 15퍼센트만 이 나이, 성별, 혹은 학위 등 '눈에 띄는 차이'에서 기인한다. 나머지 불평등의 대부분은 노동자 간의 차이 중 '숨겨진 부분'에서 비롯된다. 이 숨겨진 부분은 그들이 일하는 기업에 자리하는 것이다. 같은 능력을 지녔더라도 월마트의 피고용인은 카르티에의 피고용인보다 보수를 적게 받는다. 이론적으로는 불가능한 얘기인데, 경쟁사에 더 적은 비용으로 채용된 근로자들이 해고되는 한이 있더라도 누구나 자기 능력에 걸맞게 돈을 받아야 하기 때문이다. 하지만 실상은 그렇게 돌아가지 않는다. 근로자의 여정은 곧바로 하나의 운명이 되어버린다. 이 운명 속에서, 온갖 선입견을 초월했다고 하는 미국 사회에서조차 커리어의 낙인은 돌이킬수 없다. (과거 개리 베커 생전에 베커의 의견에 동의한다고 말한 바 있는) 프리먼은 환상에서 벗어난 결론을 내렸다. 각자의 능력에 걸맞은 보수를 지불한다고 여겨지는 시장의 동력들은, 짝짓기 논리로 생성되는 동력들에 비해서 훨씬 덜 강력한 것으로 드러났다고 말이다.

희생양

비슷한 부류 사이에서 폐쇄적으로 지내는 것이 후기 산업사회의 생활 방식이라면, 이런 생활 방식은 최소한 경쟁, 그리고 타인과의 비교에서 오는 부담감을 줄여준다는 장점을 지녀야 할 것이다. 이스털린의 역설 속 여건들을 설명해주는 핵심인 '인접 효과neighbourhood effect'가 줄어들었다면, 사회는 어느 정도 진정되어야 하는 것이 아닌가. 하지만 상황은 그렇게 간단하지 않다. 사회적 족내혼은 또 다른 비극을 예비한다. 비슷한 사람끼리만 모일 수밖에 없는 세상에서, 유사성은 또 다른 가능성들을 배제함으로써 저주가 되었다. 유사성이 일종의 감옥이 되어 그에 사로잡힌 사람들에게 사회적 폐소공포증을 유발하는 것이다.

르네 지라르는 스스로 '미분화indifférenciation'의 위기라고 명명한 현상을 분석했던 바 있다. "그 안에서 각자가 타인의 '차이'를 느끼지 못하고, '차이'를 당연하며 필수적인 것으로 생각하지 못한다면 이것은 문화가 아니다. (…) 위기에 처하지 않은 사회에서, 차이의 감각은 현실세계와 교류 제도의 다양성과 그것이 지닐 수밖에 없는 상호성에서 나온다. 말하자면 차이가 사라짐으로써 문화성 역시 사라지는 셈이다."[44] 지라르는 덧붙이길, 쌍둥이의 존재가 원시사회에서 오래도록 공포의 대상이 되었다는 사실은 전혀 놀라운 일이 아니다. 쌍둥이는 미분화된 폭력undifferentiated violence이라는 주요한 위협을 환기하고 예고하는 듯 보였던 것이다.

그런 위협에서 벗어나기 위해, 사회는 차이점이 두드러지는 대상으로 눈을 돌린다. 자신이 되길 바라지 않는 것을 가리킴으로써 스스로가 어떤 사회인지를 이해한다. 그것이 바로 희생양 메커니즘이다. "폭력의 욕망은 가까운 이들에게로 향하지만, 그들에 대한 욕망은 온갖 충돌을 야기하지 않고서는 충족될 수 없다. 따라서 이 폭력의 욕망을 희생적 피해자에게로 돌리는 것이다. 입장을 지지해주는 이가 전혀 없는, 이 희생적 피해자야말로 아무 위험 없이 공격 가능한 유일한 대상이기 때문이다." 같은 대상을 욕망하는 것은 증오로 이어지는 반면, 함께 증오하는 행위는 서로에 대한 애정을 다지게 해준다. 희생양은 평화를 회복시켜준다. 바로 그렇기 때문에, 관용과 자기 충족의 운명이 예견되었던 후기 산업사회의 한복판에 왜 인종주의와 외국인 혐오증이 출현하는지가 이런 기이한 과정으로 설명된다.

18. 성장을 넘어서서

이제 사람들은 가능한 한 최고의 사회화를 자기 자신,
그리고 자녀에게 보장해주고자 일한다.
족내혼은 여느 병리학적 증세 그 이상이다.
용어의 일반적 의미로 물질적 대상을 포함하는
상품보다는, 사회적 관계를 더 많이 소비하는
사회의 생존 방식인 셈이다.

종교의 주 역할은 사회의 폭력을 감소시키는 것이며, 이는 인간을 '눈속임'의 대체적 폭력으로 이끄는 희생 제의를 고안해내는 것으로 이뤄진다. 예컨대 르네 지라르는 "종교의 목적은 단 하나뿐이며, 그 하나의 목적이란 상호적 폭력을 방지하는 것"이라고 적었다. 프로이트는 "종교는 전지전능한 아버지가 자신을 보호해주기 위해 존재한다는 환상 속에서 인간을 살게 해줌으로써 하나의 고뇌를 해결해준 참"이라고 봤다. 여기서 경제성장이 진정

현대세계의 종교인가 하는 점에 찬반의 입장을 정할 필요는 없다. 경제성장은 보호자 역할을 하는 사회에 만인의 편입을 약속함으로써 사회적 경쟁의식을 진정시킨다. 그리고 위기의 기간에 경제성장의 소실은, 종종 소수의 사람이 희생양이 되곤 하는 폭력을 재탄생시킨다. 독일 바이마르 공화국 당시의 유대인, 1970년대 인도네시아의 화교, 제1차 세계대전 직후 미국의 흑인들은 경제위기가 낳은 증오의 복귀를 보여주는 사례다(각각 히틀러의 유대인 학살, 독재자 수하르토의 화교 학살, KKK단의 흑인 학살을 가리킨다―옮긴이).

「종교로서의 자본주의」라는 글에서 발터 벤야민은 종교와 자본주의라는 두 용어 간의 유비類比를 한참 밀고 나갔다. 그는 경제성장에 적용 가능한 종교적 구조의 세 가지 특징을 지적했다. 첫째, 숭배의식처럼 작동한다. 해당 대상에 관련되지 않은 모든 고려 사항은 적합하지 않은 것으로 간주하여 멀리한다. 둘째, '쉼 없이, 인정사정없이' 진행된다. 해당 대상이 내놓는 논리의 극단까지 나아가야만 한다. 셋째, 해당 대상을 향한 숭배의식은 그에 반대하는 사람들을 이단자라고 비방한다. 부의 어마어마하게 창조적인 노력에 가담하지 않는 자에게 저주가 내리리니!

조르주 바타유는 이런 고찰에 대하여, 후기 산업사회 속에서 더 구체적으로 작동 중인 메커니즘을 밝혀주는 귀중한 지적을 덧붙였다. 그는 종교에 관해 이렇게 적었다. "인간은 늘 자기 자신을 발견하려는 욕망, 늘 방황하는 내면성을 되찾으려는 욕망을 지녔는데, 종교야말로 이러한 욕망에 부응한다. 그렇지만 모든 종교의 착각은 모순된 해답, 즉 내면성의 외적 형태밖에는 인간에게 줄 수 없다는 사실에 있다. 내면성은 외적 요소로부터 절대 해방될 수 없으며, 외적 요소가 없다면 내면성은 아무 의미도 지닐 수 없다."

현대사회와 물질적 진보라는 현대사회의 종교는 동일한 오해에 이르렀다. 이것들의 치세 아래서 "인간은 사물만 붙잡을 뿐이며, 자신이 쫓는 먹잇감의 그림자[사물]만 취할 뿐이다".[45] 바타유는 "성장이 더는 무언가에 대한 인식이 아니게 되는 순간, 성장 자체에 대한 인식, 즉 성장 대상이 전혀 존재하지 않는 성장 자체로 변모하는 시점이 온다. 이는 험난한 이행이다. 왜냐하면 인식은 순전한 소비가 아니라, 무언가 획득 대상을 잡으려 한다는 점에서 이에 저항하기 때문이다"라고 말했다.

후기 산업사회는 (물질적) 대상 없는 성장이라고 바타유가 표현한 이 같은 기대에 부응한다. 과거에는 상품이 했던 역할인 중재적 요소를 빼앗긴 만큼, 사회적 관계의 소비 외에는 아무런 자양분이 없는 지경에 이르렀다. 예컨대 디지털 경제에는 고유한 대상이 없다. 그것이 바로 로버트 고든이 신소비 사회의 부재를 설명하며 강조했던 바다. 그러나 여기서 문제는 성장의 총량이 아니라, 그 내용물이다. 이제 비용이 많이 드는 것은 더는 TV나 세탁기가 아니라 주택, 휴가, 질 좋은 병원이나 실력 좋은 교사 등이다. 하지만 그런 것은 대부분 각자가 어떠한 사회적 영역에 접근

가능하냐에 따라 좌우된다.[46] 물론 대상의 무한 생산처럼 만들어진 산업적 성장이 아예 사라지지는 않았다. 이는 후기 산업사회가 계속 만들어내는 폐기물 양이 증가 일로에 있다는 사실만 가늠해봐도 충분히 알 수 있다. 하지만 오늘날의 성장은 빛나는 미래의 약속이기보다는 종말의 기로에 선 세상의 메아리에 더 가깝다.

이제 사람들은 가능한 한 최고의 사회화를 자기 자신, 그리고 자녀에게 보장해주고자 일한다. 족내혼은 여느 병리학적 증세 그 이상이다. 용어의 일반적 의미로 물질적 대상을 포함하는 상품보다는, 사회적 관계를 더 많이 소비하는 사회의 생존 방식인 셈이다.

하나의 방법

그렇지만 후기 산업사회에도 기회를 주어야만 한다. 잉글하트가 설문조사에서 발견했던 개념들은 실질적인 현실보다는 자율적이고 창조적이며 관용적인 사회에 대한 열망을 강조한다. 이 같은 자본주의의 신국면이 원인이 된 극단주의의 득세를 피할 수 있다는 것이다. 희생양 메커니즘이 보여주는 지옥으로 떨어지는 일을 막을 선순환이 여전히 가능하다는 것이다. 관용과 타인 존중의 길이라는 또 다른 길로 이어지는 분기점으로 되돌아감으로써, 시샘이라는 증오의 논리를 종식시킬 수 있다. 그리고 이 관용과 타인 존중은, 기후변화의 위협에 맞서는 데도 마찬가지로 필수 조건이다(하지만 충분 조건은 아니다).

　일단 후기 산업사회를 진정시킬 수 있는 해결책 중 하나는 성장의 불확실성에 자가면역을 갖추는 것이다. 지속적인 고성장을 기대하는 자기암시 요법보다는, 장기간의 성장 변화를 예측하는 일은 단 10년 단위로도 불가능함을 받아들이고, 경제의 파란으로부터 사회를 보호하고자 행동해야 한다.[47] 그러려면 실업의 공포에서 벗어나게 해줄 새로운 복지국가를 이룩해야 하며, 실직이 대수롭지 않은 사회로 나아가야 한다. 이 지점에서 법학자 알랭 쉬피오가 주창한 '사회적 인출권Droits de tirage sociaux'(IMF의 특별인출권에서 아이디어를 얻은 개념. 개인이 원하는 시기에 지급받아서 재취업에 도움이 될 만한 다양한 활동을 하게 해주는 수당을 말한다—옮긴이)은 하나의 방법을 제시한다. 덴마크식 모델과 유사하게 직업 교육을 받을 권리, 안식년을 보낼 권리, 새로운 직업 경험을 시도해볼 권리 등이 포함된 폭넓은 권리 가운데서 '뽑을' 수 있게 해줌으로써, 누구든 무직의 시련을 두려움 없이 보내게 해주는 것이다. 사회적 인출권은 각 개인이 자율적인 주체로 남게 해줄 방법을 제시함으로써, 개인이 겪는 심리적·사회적 압박을 견뎌낼 수단을 제공한다.

　또한 피에르 르장드르의 표현을 빌리자면, "관리의 제국"이야말로 혁신되어야 할 대상이다. 전반적 성장이 멈춘 사회에서도 근로자들은 공포심을 이용한 자극에 끊임없이 시달린다. 이런 근로자들에게 책임감과 자율성, 행동의 자유를 더해줄 경력을 제공할 수도 있다.[48] 더구나 스트레스를 통한 관리는 완전히 비생산적이다. 세계 행복 보고서상에 수집된 설문조사에서는, 행복할수록 동료 및 상사와 균형 잡힌 협력관계를 더 쉽게 구축한다는 사실이 입증되었다.[49] 또한 행복할수록 미래를 준비하고 복잡한 정보를 분석하며 자제심self-control을 발휘하는 데 능숙했다. 호기심과 인지적 유연성 역시 행복한 환경의 영향 중 하나였다.

다음으로는 공공재정의 자금을 조달하려면 반드시 성장이 필요하다는, 끝없이 반복되는 견해를 불식시켜야 한다. 의료·교육 서비스를 받을 때 값을 치르는 것과 식당에 가거나 자동차를 사는 것이 대체 어떻게 다른가? 의료·교육 서비스는 부의 산출에 포함되는 것이지, 산출된 부에서 '공제'되는 것이 아니다. 자동차는 구입하고 나서 곧바로 사용하는 반면, 건강보험 기여금을 낼 때 이 제도의 유일한 '불편 사항'은 건강보험을 실제로 사용하는 것이 나중 일이라는 것이다. 그렇지만 이는 실제로 경제적인 문제가 아니라 심리적이며 정치적인 문제다.[50]

특히 프랑스의 경우 퇴직연금제도의 형평성 문제는 성장 필요성에 관한 오해들을 잘 보여준다. 성장 지속성에 관한 시뮬레이션들은 퇴직연금이 안정적으로 운영되려면 고성장이 필요함을 보여주었다. 그러나 이는 터무니없이 운용되는 제도의 결과일 뿐이다. 성장세가 강력한 경우 퇴직자의 소득이 경제활동 인구 소득보다

내려가기 때문에 퇴직연금 비용의 GDP 대비 퍼센트는 더 낮아진다. 반면 성장세가 약할 경우 상황은 그 반대다. 즉, 성장세가 강할 때는 퇴직연금 자원이 늘어나며 성장세가 약할 때는 줄어드는 것이다. 만일 퇴직수당이 임금 변동에 자동으로 연동된다면 (장기적으로) 더는 문제가 없을 것이다. 사회보장제도가 대부분 성장을 요하는 것은, 이 제도들이 급성장기에 구상되었기 때문이다. 성장의 불확실성에 사회를 면역시키는 일은 이러한 제도상의 의존증을 치유하는 것으로 이어져야 한다.

다음으로는 게토를 기피하고 가능한 한 사회적 족내혼을 완화시키는 새로운 도시 문명을 창조해야 한다. 루트머가 얻어낸, 주변인이 행복에 미치는 부정적 영향에 관한 결론은 보편적인 사항이 아니다. 예컨대 공감적 성향이 훨씬 강력한 캐나다에서는 그런 결론을 찾아볼 수 없다. 시샘은 인간의 필수 감정이 아닌 셈이다.[51] 그 정의만 보더라도 시샘은 과시재誇示財에만 관련돼 있다. 반면, 다양하고 다각적인 모임을 조직할 수 있다는 사실은 덴마크의 사례에서 봤듯 이웃들을 서로 가깝게 해준다.

또한 공간 구성을 재고하고 친환경 도시를 탄생시켜야 한다. 예컨대 대학교 기숙사에서 강의실까지 걸어가는 대학생들을 대상으로 감정 실험이 진행되었다. 일부는 숲으로 길게 돌아가는 길로, 일부는 훨씬 단순하고 빠른 교정 지하 터널로 가게 했다. 그 결과, 훨씬 더 오래 걸리는 길인데도 숲길로 간 집단에게서 만족감이 훨씬 더 높게 나타났으며, 그 비율에 실험 진행자마저 놀

랐을 정도다. 비슷한 유의 또 다른 실험이 진행되었다. 정원이 내다보이는 병실을 갖춘 병원은 그렇지 않은 병원에 비해 회복율이 훨씬 높았던 것이다. 문제는 이처럼 자연을 추구하는 경향이 도시가 아니라 도시 외곽지역의 문명을 발생시켰다는 것이며, 이 외곽지역에서 환경적·사회적 재앙이 생겨났다. 우려스러운 사회적 족내혼의 비용에, 교통비까지 더해진 셈이다. 그렇지만 건축가들은 최선을 다한다면 콤팩트시티(고밀도 도시 개발을 통해 지속가능한 도시 조성을 지향하는 정책 모델─옮긴이)가 친환경적인 도시가 될 수 있다고 설명한다.[52]

또한 환경적 제약은 모순적이게도 국제관계의 화해를 촉구한다. 환경적 위협이 하나의 운명공동체를 탄생시키는 셈이다. 헌팅턴처럼 문명의 충돌 담론으로 그치는 일부 학자들은 역사가 상호 모방에서 얼마나 끝없이 자양분을 얻어왔는지 모르는 듯하다. 행복 관련 국제 설문조사를 분석하며, 벤자민 프리드먼은 다음의 요점을 관찰했다. 1960년대에 쿠바나 미국, 나이지리아는 자국의 소득 수준과는 별개로 동일한 행복의 총량을 자랑했다. 오늘날 행복 관련 국제 설문조사에서는 마치 한 나라에 속한 개인들처럼, 가장 부유한 나라가─비교의 층위에서 우세하므로─가장 행복하다는 식으로 여러 나라가 길게 줄을 서는 모습이 관찰된다. 프리드먼에 따르면, 과거에는 사람들이 가까운 이웃과 관계를 맺었으나 오늘날은 TV나 인터넷으로 연결되는 동떨어진 공동체에서 롤모델을 찾기 때문이라는 것이 가장 그럴듯한 설명이다.

이는 모방의 욕구가 CO_2 배출을 급증시킬 위험이 있다는 점에서 안 좋은 소식이다. 하지만 한편으로는 이제 인류가 전 지구적 차원에서 사회적 관계를 숙고할 수 있음을 입증하기도 한다.

국가 간의 경쟁의식을 누그러뜨리는 일은 지구시민권을 출현시킬 새로운 국제질서의 관건이다. (예컨대) 만인에게 동등한 사용권을 부여하는 것으로 귀결되는 CO_2 배출권을 만드는 것 또한 사용 가능한 수단 중 하나다. 그리고 이는 운명 공동체 의식을 탄생시키는 결과를 가져올 수도 있다.

에드가 모랭은 저서 『길La Voie』에서 '문명 정책'이라 명명했던 것의 관건을 이렇게 요약했다. "어느 사회는 복합성을 향해, 즉 자유와 자율을 지향하는 쪽으로 발전할 수밖에 없으며, 연대성이 향상된다면 공동체성도 발전할 수밖에 없다. 문명 정책은 연대성을 회복하고 도시를 다시금 인간답게 만들며 농촌에 활력을 다시 불어넣는 것을 목표로 해야 한다." 그런 다음 이렇게 덧붙였다. "삶의 질을 우선시함으로써 양적 헤게모니를 질적 헤게모니로 전복시켜야 한다. 서양 문명은 인문주의 전통, 비판적·자기비판적 사고, 민주적 원칙, 여성과 아동의 권리 및 인권 같은 최상의 요소들을 자랑한다. 전통적 사회들은 자연과의 관계를, 우주에 편입돼 있다는 감각을, 공동체적 사회 유대관계를 유지한다. 이 사회들은 서구사회가 지닌 최상의 요소를 도입하면서 이를 계속 유지해야만 한다." 그러고는 이렇게 결론 내렸다. "정치적 사고의 쇄신은 개인, 사회, 종種이라는 인간의 삼위일체적 개념에 기반을 두어야 한다." 각 단계가 다른 단계에 필수가 되는, 근사한 계획이다. 자신이 생활하고 일하며 욕망하는 사회 속에서 공유되는 공동체 정서를 찾지 못한다면, 개체는 보존해야 할 종—설령 자신이 속한 종이라 해도—의 대표로 자신을 여길 수 없을 터이다.

현대사회는 성장 없이 유지될 수 있을까? 성장이 개인에게, 개인의 노동과 욕망에 미치는 거대한 압박을 고려하면, '아니오'라는 대답이야말로 가장 정직한 답변이다. 그렇다면 성장이 다시 시작될 수는 있을까? 과거의 성과와 향후의 환경적 제약을 염두에 둔다면, 대답은 더더욱 '아니오'다. 결국 필연적으로 이런 결론을 내리게 된다. 서구사회는 분노와 폭력의 운명에 놓였다고.

  인류 역사는 이미 극복 불가능한 모순에 여러 차례 직면해왔다. 인간이 스스로도 이해하지 못했던 인구 압박에 힘입어 지구를 정복했을 때, 세상의 종말은 '피할 수 없게' 되어버렸다. 앞서 살펴봤듯, 2026년 11월 13일은 인구성장이 전 대륙을 휩쓸 마지막 심판의 날이 될 예정이었다. 지구는 고대 메소포타미아, 이스터섬, 마야, 바이킹 문명처럼 제어 불가능한 환경 위기 때문에 폐

허가 된 문명을 뒤따를 수도 있었다.

인류가 이러한 파탄에서 벗어났던 것은 당대에는 누구도 예상치 못했던 급변 덕분이다. 여성 가임율을 현저하게 감소시켰던 인구 변화가 바로 그 장본인이다. 이로써 새로운 시대가 열렸고, 이 시대를 가리켜 개리 베커는 자녀의 수에서 자녀의 질로 주안점이 이동했다고 설명했다.

그렇지만 과거 농경사회가 칼로리에 굶주렸던 만큼이나, 현대사회는 여전히 부에 굶주려 있다. 아무리 걸어도 지평선에 절대 닿지 못하는 여행자처럼, 현대인은 계속 더 부유해지길 바란다. 그리고 이러한 부는 일단 손에 넣고 나면 그것이 평소 상태가 되어버리며, 그러면 인간은 또다시 거기서 멀어지길 바라게 된다. 어째서 인간은 끝없이 자기 자신에서 벗어나고 싶어하는 것일까? 이는 수많은 정신분석학자, 인류학자, 경제학자가 저마다의 용어로 명확하게 파악하고자 했던 불가해한 질문이나, 다음과 같은 문장으로 그 요점을 요약할 수 있다. 본디 인간의 욕망은 그것이 펼쳐지는 상황에 영향을 받는 가변적 요소로, 따라서 절대 충족되지 않으며 무한하다는 것이다.

이러한 가변성은 저주인 동시에 기회다. 왜냐하면 욕망이 어떠한 차원으로 펼쳐지는가는 사실상 중요하지 않기 때문이다. 그 덕분에 인간이 노동이나 작품 속에서 자신을 승화시키고, 사회생활이라는 무대에서 제 몫을 온전히 발휘할 수 있다면 말이다. 하지만 인간의 이러한 욕망을 지구의 보전과 양립시키려면, 인구 변화에 힘입은 것과 비슷한 변화, 즉 양에서 질로의 이행이 필수적이다.

현대사회가 실업과 맞서 싸우고 더 나은 미래를 꿈꾸게 할 유일한 방법이 물질적 성장으로 남아 있는 한, 현대사회가 물질적 성장을 포기하기란 어렵다. 그러나 오늘날 경제성장의 원동력이 노동 집약화와 기후적 위협인 만큼, 한편으로는 실업과 고용 불안정, 다른 한편으로는 심리적·환경적 긴박감이 자리한 끔찍한 삼각형이 만들어진다. 사면초가에 빠질 수밖에 없다. 이 삼각형은 미래를 예측하는 일도, 전 지구적 파탄을 막을 대책을 합의하는 일도 하지 못할 우울증 환자들로 이뤄진 사회를 만들어낸다.

환경적 재앙이라는 하나의 위협에만 의지해서는 전 지구의 국민을 불러모을 수 없다. 문제의 핵심은, 재앙을 벗어나는 데 불가피한 기술적 수단을 넘어서서, 사고방식의 변화에 기반을 둔 수단이냐에 달려 있다. 기업 안에서는 사회관계가 진정되어 경쟁과 시샘의 문화를 넘어서야 한다. 역사의 흐름 속에서 사고방식은 여러 차례 바뀐 바 있으나 법령으로 바뀐 적은 단 한 번도 없다. 개인의 열망과 사회적 요구가 하나의 목표로 수렴할 때 사고방식은 변하기 마련이다. 우리는 그런 상황에 와 있다.

감사의 말

이 책을 치밀하고도 정성스럽게, 또 너그럽게 읽어준 장클로드 아미장, 이스마엘 에멜리앙, 피에르시릴 오쾨르, 프랑시스 볼프에게 감사한다. 이 프로젝트를 줄곧 지지해준 편집자 리샤르 뒤쿠세, 알렉상드르 비캉에게, 원고를 세심하게 교정해준 마리피에르 코스테비용에게도 감사한다.

1장

1 철학자 프랑시스 볼프는 이처럼 넘쳐나는 인간 선조에 대해 빈정거렸다.
　　"여전히 먼 옛날의 인간과 원숭이 간의 공통 조상을 찾는 중이지만, 질
　　문의 타당성은 점차 사라져가고 있다. 호모 에렉투스란 무엇인가? 플로레
　　스인은, 하물며 수수께끼투성이의 데니소바인은 어떻고? 그리고 머잖
　　아 틀림없이 발견하게 될, 그리고 '우리' 인류에 새로이 충격을 가하며 등
　　장할 저 모든 인류화석은?", 「오늘날 인간의 문제La question de l'homme
　　aujourd'hui」, 『토론Le Débat』, 2014년 5~8월호.
2 호모 하빌리스는 뇌 용적이 최초로 1000세제곱센티미터를 돌파한 인간
　　종이다(투마이는 360세제곱센티미터, 현생인류는 1350세제곱센티미터).
3 『인간 지각능력의 기원에 관하여Aux origines de la cognition humaine』,
　　Retz, 2004.
4 『지구의 사회적 정복』, 이한음 옮김, 사이언스북스, 2013.
5 Robert Frank, 『다윈 경제학The Darwin Economy』, Princeton University
　　Press, 2011(『경쟁의 종말』, 안세민 옮김, 웅진지식하우스, 2012).
6 『문명 속의 불만Malaise dans la civilisation』, 개정판, Seuil, Points 총서,
　　2010(김석희 옮김, 열린책들, 2004).
7 『서구사회가 서구사회에서 보지 못하는 것: 일본 강연 편Ce que l'Occident

ne voit pas de l'Occident, Conférences au Japon』, Mille et une nuits, 2004.

8 『레비스트로스Levi-Strauss』, Le Seuil, 2013.

9 『저주의 몫La Part maudite』, Éditions de Minuit, 1949, 개정판, 2014(조한경 옮김, 문학동네, 2000).

10 지구의 공전 궤도는 다른 행성들의 인력 때문에 완벽한 원형을 이루지는 않는다. 이 점은 바로 빙하기의 원인이기도 한데, 빙하기는 지구 탄생 이후로 40~50회 정도 발생했으며 그중 두 번은 지금으로부터 각각 19만 년 전, 5만 년 전으로 거슬러 올라간다.

11 사피엔스가 유럽에 오기 전에도 인구 이동이 인도와 동남아시아를 향해 이루어졌으며 약 5만~6만 년 전에 목적지에 도달했다.

12 또한 시베리아 남부에서 사피엔스는 프랑시스 볼프가 언급한 또 다른 자매종인 데니소바인의 멸종에 한몫했을 것으로 보인다.

13 네안데르탈인은 대체로 육식을 했으며 현생인류보다 더 큰 뇌(뇌 용적이 1350세제곱센티미터인 현생인류에 비해 네안데르탈인은 1520세제곱센티미터)를 보유했다. 사피엔스는 네안데르탈인과 1~4퍼센트의 유전자를 공유하는데, 이로써 미루어보면 두 종 사이에 이종성교가 이루어졌던 듯하다.

14 5만 년 이전 사피엔스들의 모든 기술은 반복적이었다. 그 이후 갑자기 다채로운 변화가 일어났다. 이언 모리스의 저서 『왜 서양이 지배하는가Why the West Rules, for Now』, Princeton University Press, 2010(최파일 옮김, 글항아리, 2013)에 따르면, "적어도 여섯 가지의 돌 깎는 방식이 나일강 유역에서 기원전 50000~25000년 사이에 등장했다. 인류가 양식樣式을 발견한 셈"이었다. 나는 이 매혹적인 책에 소개된 여러 주안점을 다음 문단들에 인용해놓았다.

15 재레드 다이아몬드, 『어제까지의 세계: 전통사회에서 우리는 무엇을 배울 것인가?The World until Yesterday: What Can We Learn from Traditional Societies?』, Penguin, 2012(강주헌 옮김, 김영사, 2013).

16 『국가에 대항하는 사회La Société contre l'État』, Éditions de Minuit, 1974(홍성흡 옮김, 이학사, 2005).

17 허버트 사이먼Herbert Simon, 「조직과 시장Organisations and markets」, Journal of Economic Perspectives, 1991을 참조.

18 『역사적 전망에서의 경제적 후발성Economic Backwardness in Historical Perspective, A Book of Essays』, Harvard, University press, 1962.

19 메소포타미아 지방의 변화에서 결정적인 역할을 했던 신전은 광대한 영토를 소유했고 이 영토에서 수확한 작물의 분배를 보장했다. 메소포타미아 주민들은 본능적으로 사제들의 구원을 요청했는데, 자신들이 어떤 일을 하면 좋을지를 신이 알려주기를 갈구했다. (이언 모리스, 『왜 서양이 지배하는가』.)

20 잭 구디, 『역사의 절도The Theft of History』, Cambridge University Press, 2012.

21 청동기는 쟁기의 사용, 가축의 견인, 도시의 수공업 혹은 문자의 발달 같은 아주 유사한 변화들로 인류를 이끌었다. 아시아와 유럽은 지참금이라는 제도 또한 공유하는데, 이 지참금은 부모의 사망 시에 재산을 물려받는 형태일 수도 있고, 결혼 시에 가져가는 지참금 형태일 수도 있다(예비 신랑 집이 예비 신부 집에 재물과 용역을 제공하는 아프리카 제도와는 반대다).

22 세계 최대의 도시는 도쿄로, 2000년에 인구 2700만 명을 기록했다. 당대에 로마 제국의 인구는 100만 명에 달했다. 중국 장안의 인구는 그 절반에 달했다. 그러므로 로마의 점수는 $(1/27) \times 1000$이며 장안의 점수는 그 절반에 해당된다. 에너지 사용량에 관해서는, 오늘날 미국인이 일간 에너지 소비량 20만 킬로칼로리로 최고 기록을 보유 중이다. 인체의 생존을 위한 최저에너지는 약 2000칼로리이므로, 인류 역사상 가장 낮은 점수는 10/1000이다.

23 프랑스어 번역판 『석기시대, 풍요의 시대: 원시사회의 경제학Âge de pierre, âge d'abondance. L'économie des sociétés primitives』, Gallimard, 1976.

24 프랑스어 번역판 『농업혁명과 인구압력Évolution agraire et pression démographique』, Flammarion, 1970.

25 마이클 크리머Michael Kremer, 「인구 증가와 기술적 변화Population growth and technological change』, Quarterly Journal of Economics, 1993.

26 데이비드 크리스천이 『시간의 지도: 거대사 입문Maps of Time: An Introduction to Big History』, California Press, 개정판, 2005에서 인용한 연구(앨런 존슨·티머시 얼, 『인간 사회의 진화The Evolution of Human Societies』, Stanford University Press, 1987). 그리스도 시대에 이르기까지 인구의 연간성장률은 0.016퍼센트에 불과했다. 이후 인구성장률은 점차 100배로 증가했다.

27 플라톤은 이 이야기의 또 다른 버전을 내놓았다. 목동 기게스가 자신의 몸을 투명하게 해주는 반지를 발견해, 이 반지를 낀 채 왕궁에 가서 왕비를 유혹했다는 것이다.

28 Georges Le Rider, La Naissance de la monnaie, PUF, 2001.

29 미셸 아글리에타·앙드레 오를레앙, 『폭력과 신용 사이의 화폐La Monnaie entre violence et confiance』, Odile Jacob, 2002.

30 프랑스어 번역판 폴 바츨라빅 외, 『커뮤니케이션 논리Une logique de la communication』, Le Seuil, 1972.

31 이는 존 캐러켄·닐 월리스, 『화폐경제 모형Models of Monetary Economies』, Federal Reserve Bank of Minneapolis, 1980의 주제다.

32 이 주제에 관해서는 애브너 그리프, 『현대경제의 제도 및 그로 향하는 여정: 중세 교역의 교훈Institutions and the Path to the Modern Economy: Lessons from Medieval Trade』, Cambridge University Press, 2006을 참조하길 바란다.

33 L'Économie morale, Gallimard, 2008.

34 프랑스어 번역 개정판 칼 폴라니, 『인간의 존속La Subsistance de l'homme』, Flammarion, 2011.

35 장거리 교역과 근거리 교역이라는 두 가지 유형의 교역이 늘 존재했다. 후자는 생필품, 직물, 가사용품을 다뤘고, 전자는 권력자들의 필수품인 금, 가죽, 보석, 노예 같은 사치품을 다뤘다. 광장agora과 시장bazar은 신선한 우유와 달걀, 생선, 고기를 구할 수 있는 근교 시장의 사례였다. 장거리 교역은 애당초 전통 경제의 관례를 따라 선물 교환을 진행하는 외

교 사절의 역할이었다. 외교 사절의 형태와 약탈 사이에 명백한 경계가 없는, 약탈에 대한 일종의 대안 형태인 경우도 종종 있었다.

36 잭 구디, 『역사의 절도』, op. cit.

37 한때 전 상품이 대영제국의 수도로 흘러들어갔던 것처럼, 세계 도처에서 상품들이 아테네로 몰려들었다. 폴라니 본인도 이에 관해 상상한 묘사를 남겼다. "칼케돈의 검과 술잔, 메가라의 마늘, 보이오티아의 고기와 가금류, 시라쿠사의 치즈와 돼지고기, 로도스의 포도와 무화과, 파플라고니아의 도토리와 아몬드, 키프로스의 겨자, 카르타고의 양탄자와 베개, 시리아의 향료, 에페이로스의 사냥개." 칼 폴라니, 『인간의 존속』, op. cit.

38 피에르 베즈바크Pierre Bezbakh, 『르몽드 드 레코노미Le Monde de l'économie』 중, 2003년 4월 29일자.

39 프랑스어 번역판 존 힉스John Hicks, 『경제사 이론Théorie de l'histoire économique』, Le Seuil, 1969.

40 그리스도 시대 초, 로마제국과 중국제국이라는 두 제국이 전 세계의 절반을 통치했다. 두 제국의 초입에서 야만족들은 행동에 나섰고 두 경우 모두 각 제국 영토의 절반에 해당되는 땅을 차지했다(로마제국에서는 서유럽을, 중국제국에서는 북부를). 반면 나머지 절반(서양에서는 비잔틴, 중국에서는 남부)은 전통적인 권력의 손아귀에 남았다. 이 혼돈의 시기들에 발생했던 두 종교인 기독교와 불교 중 오로지 기독교만이 권력을 지켜냈다. 당 황조가 복귀하면서 유교는 제국의 종교로 다시금 자리 잡았다. 서양에서는 붕괴한 제국 대신 기독교가 번영을 구가했다.

41 이는 알도 스키아보네Aldo Schiavone, 『부서진 역사: 고대 로마와 현대 서양L'Histoire brisée. La Rome antique et l'Occident moderne』, Belin, 2009 (1996년 초판 간행)이 다루는 주제다.

42 잭 구디, 『역사의 절도』, op. cit.

43 봉건사회의 만성적 폭력은 그 자체로 로마제국의 몰락이 가져온 역사적 산물이다. 봉건 전쟁을 종식시켰던 용병 군대를 여러 국가에서 보유하면서, 군사적 권력에 경쟁자가 등장하자 기사들 스스로가 더욱 폭력적으로 변했다.

44 어느 신랄한 주해는 엘리아스의 저서가 출간된 1939년이 서양의 평화화라는 생각과 어울리지 않음을 지적했다(이언 모리스, 『전쟁War』, Princeton University Press, 2014 참조). 스티븐 핑커의 『우리 본성의 선한 천사The Better Angels of Our Nature』, Viking, 2011는 엘리아스의 이론을 열정적으로 찬양했고, 모리스가 이를 일부 인용했다.

45 이 시기는 목욕의 빈도가 줄어들었던 퇴보기이기도 했다. 오로지 서양인들만이 만혼晩婚 덕분에 출생률을 조절하게 되었다는 맬서스의 이론은 인구학자들에 의해 완전히 반박되었다.

46 페르낭 브로델에 따르면, '서양의 기적'은 주로 도시 르네상스에 기반을 둔다. 도시는 더 이상 귀족의 주거지가 아니라 '자유 도시' '자율 도시' '산업 도시'라 불리는 독특한 모형이 되었다. 그렇지만 J. L. 로젠탈Rosenthal과 R. B. 웡Wong은 『분기 이전과 너머로Before and Beyond Divergence』, Harvard University Press, 2011에서 사실상 중국을 지배했던 상대적인 평화야말로, 중국의 '기업가'들이 성벽의 보호를 받는 도시 안으로 활동을 한정시킬 필요가 없었던 이유임을 보여주었다.

47 재레드 다이아몬드의 논증을 따른다면, 이는 남북축에 비해 동서축이 지닌 우위 덕분이다.

48 예컨대 라이프니츠는 유럽 강대국들에 대한 분석을 다음과 같이 확대했다. "이들의 첫 열정은 바깥으로 눈을 돌렸다. 스페인은 남아메리카로, 영국과 덴마크는 북아메리카로, 네덜란드는 동인도제도로, 프랑스는 아프리카로 관심을 두는 식이었다."

49 네덜란드 공화국은 유럽의 경제지리를 남에서 북으로 옮겨놓았다. 폴란드와는 고급 직물과 밀을 맞바꾸며 정기 교역을 했고, 이후 스페인과 포르투갈로 교역 대상을 점차 넓혔다. 중세에 직물 교역과 대부업을 지배했던 이탈리아 도시국가들은 네덜란드와 경쟁에 직면하여 점차 설 자리를 잃었으며, 이후 영국의 등장으로 경쟁은 더욱 치열해졌다. 애당초 영국은 플랑드르에서 가공되는 양모를 네덜란드에 수출하는 네덜란드의 경제적 세력권이었으나, 이후 점차 가치 사슬망에서 상향 이동하기에 이르렀다.

50 『사회적 문제의 변모Les Métamorphoses de la question sociale』, Fayard, 1995.

51 로버트 앨런Robert Allen, 『전반적 관점에서의 영국 산업혁명The British Industrial Revolution in Global Perspective』, Cambridge University Press, 2008.

52 네덜란드와 영국은 아시아 무역판에서 포르투갈을 밀어냈다. 네덜란드는 인도네시아에서 포르투갈 세력을 몰아낸 후 자카르타를 아시아 제국의 수도로 삼았다. 다음에는 영국이 와서 네덜란드를 몰아내고 자국의 제국을 건설했다. 이후 전쟁이 수차례 벌어져 1664년 영국이 네덜란드에게서 뉴욕을 빼앗았고 메인주에서부터 조지아주에 이르기까지 대서양 연안을 따라 자리를 잡았다. 아메리카 대륙은 영국에 담배와 쌀, 밀 등을 수출했다. 1770년, 아메리카 대륙의 영국인 수는 280만 명에 달했는데 이는 본국 인구의 절반에 해당되는 수준이었다. 식민지 교역은 미국 및 네덜란드 경제를 활성화시켰다. 산업혁명이 발생하기 직전, 영국의 일자리 중 농업 인구의 비율은 이미 45퍼센트 이하로 떨어졌다.

53 영국과 네덜란드의 도시화는 에너지 수요를 증가시켰다. 장작의 가격은 폭등했으며, 대체재가 모색되었다. 네덜란드에서는 이탄이, 영국에서는 석탄이 그 대체재였다.

54 기압은 17세기 학자들이 특히 좋아하는 주제였다. 토리첼리가 열어놓은 길을 따라, 하위헌스와 오토 폰 게리케는 실린더 안을 진공 상태로 만들면 기압 때문에 피스톤이 움직인다는 사실을 입증해 보였다. 드니 파팽은 여기서 영감을 받아 1675년에 최초의 증기 장치를 제작했고, 이후 뉴커먼이 12년간 반복한 끝에 1712년 증기기관을 제작했다. 제임스 와트가 그 뒤를 이었다.

55 실험을 통해 자연법칙을 발견할 수 있다는 생각은 기업가들에게 유리하게 활용되었다. 해상용 정밀시계의 발명자 존 해리슨은 뉴턴의 연구에서 직접 영감을 받은 어느 개론을 읽은 바 있었다. 조엘 모커Joel Mokyr, 『아네테의 선물The Gifts of Athena』, Princeton University Press, 2002 참고.

56 나는 도미니크 부르·필리프 로슈, 『환경 위기, 가치의 위기?Crise

écologique, crise des valeurs?』, Labor et Fides, 2010에서 전개된 귀중한 단락 안에서 일부 문장을 인용했다.

57 Lynn White, 「우리의 환경위기의 역사적 근원The historical roots of our ecologic crisis」, Science, 1967.

58 제임스 해넘에 따르면, 성서의 신은 올림푸스의 신들처럼 변덕스럽지 않다. 신의 작품인 자연은 그것을 이해하도록 해주는 이러한 완벽성으로 점철돼 있다. James Hannam, 『과학의 창세기: 기독교 중세가 어떻게 과학혁명을 촉발했나The Genesis of Science: How the Christian Middle Ages Launched the Scientific Revolution』, Regnery, 2011 참조.

59 Pierre Legendre, 『서양이 서양에서 보지 못하는 것』, op. cit.

60 필리프 데스콜라는 서양 문명에서 자연과 문화 간 분리의 근원이 역사 속에서 (훨씬) 더 예전에 나타났다고 봤다. Philippe Descola, 『자연과 문화를 넘어서Au-delà de nature et culture』, Gallimard, 2005.

61 산업 및 농업 기술 분야에서 서양보다 훨씬 우위에 있었던 중국은 이 세계에 일종의 영혼(기氣)이 존재한다고 봤으며 세계가 시계처럼 구성되었다고 보기를 거부했다. (도미니크 부르·필리프 로슈 , 『환경 위기, 가치의 위기?』, op. cit 참조) 그리고 이는 세계에 대한 관심이 부족했기 때문이 아니다. 1644년 이후 만주족이 북경을 점령했을 때, 예수회 선교사들은 다음번 일식을 예보하는 경합에서 승리했다. 1668년 즉위한 젊은 청나라 황제 강희제는 하루에도 몇 시간씩 산술과 기하학, 역학 연구에 덤벼들었다. 하지만 만남은 불발되었다. 교황은 예수회 선교사들이 기독교보다는 천문학을 더 장려할 것을 염려했던 나머지 이 선교사들을 감시하도록 했던 것이다. 이에 기분이 상한 강희제는 고유의 학당을 열었고 서양과의 연결은 단절되었다. 이와 반대로 일본은 1868년 메이지 유신 이후 서양을 따라잡기 위해 필요한 일련의 개혁을 실시하며 교육을 최우선으로 삼았다. 1890년에는 전체 남아 중 3분의 2, 그리고 여아 중 3분의 1이 완전한 초등교육을 받았다.

62 로제폴 드루아Roger-Pol Droit, 『모두에게 비춰진 서양L'Occident expliqué à tout le monde』, Le Seuil, 2008.

63 알도 스키아보네, 『부서진 역사』, op. cit.

64 프랑스어판 요약본 조지프 니덤Joseph Needham, 『중국의 과학과 서양La Science chinoise et l'Occident』, Le Seuil, 1973.

65 알렉상드르 쿠아레Alexandre Koyré, 『닫힌 세계에서 무한한 우주로Du monde clos à l'univers infini』, Gallimard, 1962, 개정판, 'Tel' 총서.

66 『유럽 의식의 위기La Crise de la conscience européenne, 1680-1715』, 개정판. Le Livre de poche, 1994.

67 『진보의 발명L'Invention du progrès, 1680-1730』, CNRS, 2010.

68 찰스 테일러Charles Taylor, 『헤겔과 현대사회Hegel et la société moderne』, Cerf, 1998에서 인용.

69 애덤 스미스는 프랑스의 장식핀 제작과정이라는 유명한 사례로 분업 개념을 설명했다. 그는 영국의 면공업을 유념하긴 했지만, 프랑스 장식핀은 딱히 기술적 첨단에 있는 제품은 아니었다. 증기기관도 인용되지는 않았지만, 가장 유명한 시제품이 『국부론』이 출간되던 해에 수정되었던 것은 사실이다.

70 "This dexterity at his own particular trade seems, in this manner, to be acquired at the expense of his intellectual, social and marital virtues."

71 자크 르고프Jacques Le Goff, 『정말로 역사를 토막 내서 봐야 할까?Faut-il vraiment découper l'histoire en tranches?』, Le Seuil, 2014의 주석을 참조.

72 앞서 살펴봤듯이 사람과는 사실상 700만 년 전에, 호모 에렉투스는 150만 년 전에 나타났으며 중국인들이 868년에, 구텐베르크가 1450년에 인쇄술을 발명했다.

2장

1 알도 스키아보네Aldo Schiavone, 『역사와 운명Histoire et Destin』, Belin, 2009.

2 내생적 성장 이론의 주요 주창자는 폴 로머, 로버트 루카스, 필립 아기온, 피터 호이트, 엘하난 헬프먼, 진 그로스먼이다.

3 『특이점이 온다The Singularity is Near』, Viking Press, 2005(장시형·김명
  남 옮김, 김영사, 2007).

4 이것이 불멸과 완전히 같지는 않다. 당신의 지식과 감정 전체가 어느 거
  대한 책에 기록돼 있다고 가정해보자. 그 책을 읽는 누군가가 당신의
  '나'가 되겠지만, 당신이 그 누군가 덕분에 살아남는 것은 아니다.

5 과거 인구성장이 가속화되었던 것처럼, 경제성장의 가속화는 '내생적 성
  장' 이론가들이 강조하는 주안점이다. 이들은 1700~1978년 가장 부유
  한 11개국의 경우, 10년마다 성장률이 상승할 확률은 언제나 50퍼센트
  이상(프랑스와 미국은 70퍼센트에 육박한다)이었다는 점을 지적한다. 이
  러한 논지에서, 경제학자 윌리엄 노드하우스는 명백한 사례인 광열비 감
  소율을 계산했다. 기원전 38000년부터 1750년 사이에 동물성 또는 식
  물성 유지를 이용한 기름등에서 석유등으로 옮겨가며 광열비는 총 17퍼
  센트밖에 감소하지 않았다. 19세기 초 양초와 고래기름의 사용은 비용
  을 87퍼센트 절감시켰으며 연간 개선율 0.06퍼센트에 해당되었다. 1800
  년부터 1900년 사이에는 석탄 필라멘트 전구 덕분에 개선율이 18배 상
  승하여 2.3퍼센트에 달했다. 20세기에는 형광등 사용으로 6.3퍼센트의
  연간 개선율을 기록했다.

6 『제2의 기계시대The Second Machine Age』, Norton, 2014.

7 『르몽드』, 2015년 4월 27일자.

8 「고용의 미래: 노동은 디지털화에 얼마나 취약한가The future of
  employment: how susceptible are jobs to computerisation」, Oxford Martin
  School, 2013년 9월 17일.

9 러시아의 체스 챔피언 카스파로프와 IBM의 슈퍼 컴퓨터 딥블루와의 그
  유명한 대결은 이제 더는 흥미롭지 않다. 이제는 컴퓨터가 늘 이기기 때
  문이다. 하지만 '프리스타일' 체스 대회는 흥미롭다. 대회 우승자는 최고
  의 체스 기사와 최고의 컴퓨터로 이뤄진 팀이 아니었다. (카스파로프의
  표현을 빌리자면) 동시에 세 대의 컴퓨터를 사용한 실력 좋은 두 명의
  아마추어였다. 이제 더는 컴퓨터에 맞서 싸우는 것이 아니라, 컴퓨터와
  함께 싸우는 것인 셈이다. 타일러 코웬Tyler Cowen, 『평균은 끝났다Average

is Over』, Penguin, 2013 참조.

10 건설업은 기계가 노동자를 대체할 수 있는 한계를 보여주는 하나의 사례다. 노동자는 컴퓨터의 도움을 받은 테크닉을 이용해 집을 짓는다. 하지만 결국 인간의 눈과 판단력은 불가피한 요소로 남아 있다.

11 마튼 구스Maarten Goos·앨런 매닝Alan Manning·애너 샐러먼즈Anna Salomons, 「직업의 양극화를 설명하다: 반복적 성향의 기술 변화와 그 여파Explaining job polarization: routine-biased technological change and offshoring」, American Economic Review, vol. 104-8.

12 프랑스, 독일, 이탈리아의 (가중법이 적용된) 평균 수치. OECD의 데이터.

13 1980년부터 2010년까지, 하위 90퍼센트 가구의 소득은 3만3500달러에서 3만1600달러로 감소해 마이너스 성장률을 기록했다(인플레이션율이 반영되었으며, 여성의 노동 참여가 증가했음에도 나온 수치다). 이매뉴얼 사에즈의 http://eml.berkeley.edu/~saez/TabFig2013prel. xls, '소득증가Income growth' 표 참조. 해당 기간에 중위소득(총 가구 중 소득순으로 순위를 매긴 다음, 정확히 가운데를 차지한 가구의 소득)은 거의 정체 수준이었다(연평균 +0.1퍼센트). 건강보험기여금을 고려하면 중위소득은 연평균 0.4퍼센트 증가했다. '경제자문위원회장을 위한 경제 보고서Economic Report to the President, Council of Economic Adviser', 2015 참조.

14 로버트 고든은 경제성장에 관한 일련의 중요한 논문들을 출간했는데, 이는 『무지개 너머로: 내전 이후 미국의 생활 척도Beyond the Rainbow: The American Standard of Living Since the Civil War』라는 책의 주제를 이루었다. 이 중요한 논문들은 전미경제연구소NBER의 연구 문헌에서 이용할 수 있다. 「미국 경제성장의 종말: 수정, 반증, 반향The Demise of U.S. Economic Growth: Restatement, Rebuttal, and Reflections」, n° 19895, 2014. 「미국의 경제성장은 끝났는가? 여섯 가지 역풍을 맞이하여 비틀거리는 혁신Is U.S. Economic Growth Over? Faltering Innovation Confronts the Six Headwinds」, n° 18315, 2012. 「미래의 관점으로 지난 세기의 미국 생산성장률을 재고하기Revisiting U.S. Productivity Growth over the Past Century with a View of the

Future」, n° 15834, 2010.

15 1830년까지만 해도 인류의 이동 속도는 고든이 '말굽과 돛'이라 부르는 것에 의해 결정되었다. 이후 보잉 707기가 발명되기까지 이동 속도는 지속적으로 증가했다. 그 이후에는 정체되었다.

16 1891년부터 1972년까지 미국의 시간당 생산성은 연간 2.36퍼센트가 상승했다. 1972년 이후로는 연간 1.59퍼센트로 하락했다. 그렇지만 이 수치는 인터넷 버블 시기에 발생한 급격한 상승세의 덕을 입는다. 1996년부터 2004년 사이, 시간당 생산성은 연간 2.54퍼센트의 반등을 기록했는데 해당 기간에 새로운 성장 주기에 들어선 것이다. 버블 시기를 벗어나자 시간당 생산성은 훨씬 느리게 상승했고, 과거에 비해 거의 1포인트가 하락한 겨우 1.4퍼센트의 상승률을 기록했다. 고든은 이러한 잠재적 성장이 새로운 규칙이 되었다면, 인구와 교육, 불평등의 무게를 감안할 때 '미국의 평민'에게는 성장의 가망이 아예 사라졌음을 의미한다고 봤다. 그는 사실상 생산성이 떨어지는 개인을 걸러내어 해고하는 것이 미국의 생산성 증가의 주원인이라고 말했다.

17 앵거스 디턴Angus Deaton, 『위대한 탈출The Great Escape』, Princeton University Press, 2013(최윤희·이현정 옮김, 한국경제신문, 2015).

18 「장기침체: 사실, 원인과 치유법Secular stagnation: facts, causes and cures」, Coen Teulings, Richard Baldwin 편, CEPR, 2014.

19 GDP는 공무원들의 생산성을 이들에게 들어가는 비용으로 산정한다. 따라서 교사와 의사의 임금을 삭감하는 것은 국가자산에 대한 그들의 (산정된) 기여도 및 표면상의 생산성 역시 저하시킨다. 이 생산성은 근무 시간당 생산된 자산으로 정의된다.

20 리처드 랜즈는 유럽의 '생산성'과 관련하여 안경의 발명이 미친 경이로운 영향을 상기시켰다. 안경은 직업활동이 좋은 시력에 좌우되는 수많은 장인이 훨씬 더 오랫동안 생산적인 일을 할 수 있도록 해주었다. 건강에 관련된 요구들로 미루어보면, 이제 건강은 역설적으로도 반드시 줄여야만 하는 비용처럼 보인다.

21 바실리 레온티예프는 인간의 역할을 말의 역할과 비교했다. 오랫동안 필

수적인 생산수단이었던 말의 존재는 결국 사라졌다. 말의 역설은 말이 19세기 산업혁명부터 가장 많이 사용되었다는 점인데, 말똥이 판을 쳤던 도시나 시골, 전장 할 것 없이 여기저기서 사용되었다. 그러다 지하철과 자동차, 트랙터가 등장하면서 돌연 사라졌다.

22 노동자 수의 예상치 못한 상승은 결국 언제나 해소되기 마련이라는 점을 여러 사례를 통해 볼 수 있다. 예컨대 1960년대의 프랑스에는 알제리 전쟁 이후 알제리 출신 프랑스인들이 본토에 대거 몰려들었지만, 이들이 자리 잡은 지역에서 실업이 확연히 증가하지는 않았다. 실제로 유효 변수는 실업자의 수가 아니라 실업률(5퍼센트, 10퍼센트 하는 식의?)이다. 나는 『우리의 현대Nos Temps modernes』, Flammarion, 2002에서 노동의 종말 이론을 다루었다.

23 알프레드 소비Alfred Sauvy, 『기계와 실업: 기술적 진보와 고용La Machine et le Chômage: les progrès techniques et l'emploi』, Bordas/Dunod, 1980.

24 윌리엄 보몰William Baumol·윌리엄 보웬William Bowen, 『공연 예술: 경제적 딜레마Performing Arts: The Economic Dilemma』, MIT Press, 1966. 보몰의 이론은 비용병cost disease(다른 산업 부문에 비해 생산성 증대가 어려운 부문의 경우, 수입보다 비용이 크게 늘어나게 돼 결국은 만성적인 적자에 시달린다는 이론—옮긴이)이라는 이름으로 알려져 있다.

25 보몰과 보웬은 그들의 저서에서 공연예술가 대부분이 부업을 해야 한다고 지적했다.

26 미국에서 1993년부터 2012년 사이에 발생한 소득 증가분 중 70퍼센트가 최상위 1퍼센트에게 돌아갔다. (이매뉴얼 사에즈, 「일확천금하기 Striking it richer」, Berkeley, 2015년 1월 수정.)

27 토마 피케티Thomas Piketty, 『21세기 자본Le Capital au XXIe siècle』, Le Seuil, 2013(장경덕 옮김, 글항아리, 2014).

28 「주택자본이 불평등에 기여하는가? T. 피케티의 21세기 자본을 되돌아 보기Le capital logement contribue-t-il aux inégalités? Retour sur Le Capital au XXIe siècle de T. Piketty」, Sciences Po, LIEPP Working Paper, 2014.

29 매년 1000의 집세를 가져다주는 아파트를 가정해보자. 이 아파트의 자

산가치는 금리가 10퍼센트냐 1퍼센트냐에 따라 크게 달라진다. 금리가 10퍼센트라면 아파트의 가치는 1만에 달하는데, 집세는 매년 이 가치의 10퍼센트에 해당되기 때문이다. 하지만 금리가 1퍼센트라면 그 가치가 10만에 준한다. 바로 이 가치에 대해, 금리가 1퍼센트라는 대망의 수준까지 내려가는 것이기 때문이다(집세는 언제나 1000으로 동일하다). 따라서 여기서는 임금 상승률의 하락에 따라 거의 자동 유발되는 금리 인하로 기이할 정도의 집값 상승이 진행된다. 다만 부동산의 수익률이 폭락한다는 점은 지적해두자. 수익의 상승이 아니라, 수익의 하락 때문에 자산가치가 상승하는 것이다.

30 부동산 가격 상승에 주택 공급률 상승으로 대응했다는 사실은, 건설 부문이 충분히 반응하기만 했더라도 부동산 버블을 피할 수 있었음을 보여준다. 에드워드 글레이저의 연구는 이 과정을 명확히 보여주었다. 『도시들의 성공Triumph of the Cities』, Penguin, 2012 참조.

31 정보과학 분야의 에너지 소비는 그 자체로 상당한데, 이미 전체 전력생산량의 10퍼센트를 차지한다.

32 아프리카는 예외처럼 보이지만 실상은 그렇지 않다. 유엔에 따르면 여성당 가임률은 7명에서 5명으로 줄었으며 계속 감소해 2050년에는 2.5명에 이를 것이다. 파키스탄은 다른 이슬람 국가들에서 진행 중인 인구 전환이라는 전체 현상을 가려주는 하나의 반례反例다.

33 게리 베커Gary Becker, 『가족에 관한 논문A Treatise on the Family』, Chicago University Press, 1981.

34 엘리아나 라페라라Eliana La Ferrara 외, 『TV연속극과 가임률: 브라질의 증거Soap Operas and Fertility: Evidence from Brazil』, NBER, 13718, octobre 2008.

35 평균 수명은 인류의 건강 상태 발전을 측정하는 가장 단순한 척도다. 오늘날 선진국에서 태어난 젊은 여성은 50퍼센트의 확률로 100세 이상까지 살 수 있다. 반면 인도는 64세, 중국은 73세까지 살 수 있다. 인도 인구 중 4분의 1, 중국 인구 중 7분의 1이 하루 평균 1달러 미만의 삶을 영위한다. 이러한 건강 발전에 따른 직접적 이익에, 취학에 따른 간

접적 영향을 더해야 한다. 22~23세까지 교육받는다는 것은 평균 수명이 40~45세에 불과했던 사회에서는 생각조차 할 수 없었을 터이다. 다니엘 코엔Daniel Cohen·로라 레커Laura Leker, 「건강과 교육, 적절한 데이터를 가지고 또 다른 관점에서 바라보다Health and education, another look with the proper data」, CEPR, n° 9940, 2014년 2월호.

36 앵거스 디턴, 『위대한 탈출』, Princeton University Press, 2013.

37 그럼에도 1800년의 전 세계 인구와 맞먹는 10억 명의 인구가 여전히 하루 1달러 미만의 삶을 영위하는 빈곤 상태에 놓여 있다. 전반적으로는 빈곤이 그대로 존속 중이며, 빈곤이 줄어들었다는 것은 상대적 차원일 뿐이다. 하지만 우리의 판단이 (거의) 늘 상대적이라는 것도 사실이다.

38 전 세계적인 식량 문제의 원인 중 하나는 이제 식량과 연료가 농지를 차지하기 위해 서로 경쟁을 벌이기 때문이라는 것이다. 이런 농산업이 정부의 보조금을 받는다는 사실은 굉장히 우스꽝스러운 일이다.

39 한국어판 레스터 브라운Lester Brown, 『플랜 B』, 황의방 옮김, 도요새, 2008.

40 이 모든 사항에 관해서는 로제 게느리Roger Guesnerie·니콜라 스테른Nicholas Stern, 『기후문제와 직면한 두 명의 경제학자2économistes face aux enjeux climatiques』, Le Pommier, 2012를 참조하라.

41 스테판 로에Stéphane Lauer, 2015년 2월 24일자 『르몽드』 중, 컬럼비아대학 지구연구소 소속 신시아 로젠바이크Cynthia Rosenzweig의 말을 인용. "뉴욕의 기온은 7도 상승할 수 있다."

42 윌 스테픈Will Steffen·파울 크뤼천Paul J. Crutzen·존 맥닐John McNeill, 「인류세: 인간은 자연의 위대한 힘을 넘어서고 있는가?The Anthropocene: are humans overwhelming the great forces of nature?」, Royal Swedish Academy, 2007.

43 인구의 증가 자체는 산업혁명의 핵심 분야 중 하나인 화학산업 덕분에 가능해졌다. 독일 화학자 프리츠 하버의 공정은 질소를 일종의 '비료가스'로 변형시키는 식의 암모니아 합성법을 개발했다. 하버-보슈 공정(보슈는 하버를 보조했던 엔지니어다)은 농업을 혁신하여 20세기의 인구

폭증을 가능케 했다.

44 팀 잭슨Tim Jackson, 『성장 없는 번영』(전광철 옮김, 착한책가게, 2015).

45 탄소세는 이 시스템의 대안 중 하나다. 탄소세는 정해진 비용을 모두가 지불하도록 요하며, 투자 자금을 조달할 수 있는 자원을 (좀더 예측 가능한 방식으로) 모으게 해준다는 장점이 있다. 배출권 거래제도와 탄소세의 결합도 물론 가능하다.

46 제레드 다이아몬드, 『문명의 붕괴』(강주헌 옮김, 김영사, 2005).

47 재생에너지 사회를 발생시키려면 어마어마한 자금을 요하는 연구와 개발이 필수다. 태양에너지 저장량 혹은 네트워크 인프라는 상당 수준의 투자를 요하는데, 이는 최소한 세금 혹은 환경배출세의 일부를 통해 보조받아야 할 것이다. 대런 애스모글루와 필립 아기온 등은 「환경과 규제된 기술적 변화The environment and directed technical change」, American Economic Review, 2012에서 이 분야 연구에 대한 공적 지원을 예리하게 옹호했다.

3장

1 클로드 마르탱Claude Martin 편, Changements et pensées du changement, La Decouverte, 2012.

2 카스텔에 따르면, 1960년대의 사상은 전부 '전진하는 사회, 진보를 위한 수많은 수단을 갖춘 사회, 공식적으로는 민주주의의 승리라는 표현으로 그 공적을 치하했던 사회, 하지만 그와 동시에 착취와 지배 관계, 직접적 혹은 상징적 폭력의 지속적 행사 따위로 점철된 실질적 행태들을 과시했던 사회 간의 모순'으로 나타났다.

3 1830년대부터 노동자 계층의 상황에 대한 우려와 관심이 나타나기 시작했다. 1840년에 루이 비예르메는 유명한 보고서 『면, 방적, 섬유 부문의 공장 노동자의 신체와 심리상태 보고서Tableau de l'état physique et moral des ouvriers employés dans les manufactures de coton, de laine et de soie』에서 하루 14시간에 달하는 아동의 노동을 다루었다.

4 여기에 장폴 리쾨르Jean-Paul Ricoeur의 활력 넘치는 분석을 소개한다.

「수치심과 죄책감La honte et la culpabilité」, www.groupe-regional- de-psychanalyse. org/.../honte_ et_culpabilite.pdf

5   루스 베니딕트Ruth Benedict, 『국화와 칼』(오인석 옮김, 을유문화사, 2008).

6   『프랑스의 수수께끼Le Mystère français』(Le Seuil, 2012)에서 에르베 르 브라Hervé Le Bras와 엠마뉘엘 토드Emmanuel Todd는 프랑스가 그 지리와 역사 속에서 (대가족 혹은 핵가족 같은) 가족 체제와 (밀집된 혹은 분산된) 인구 밀도에 따라 다양한 사회 구성 방식을 어떻게 구현했는지 보여주었다.

7   앙리 베버Henri Weber, 『68혁명에서 무엇이 남았나?Que reste-t-il de Mai 68 ?』, Le Seuil, 1998.

8   『1945년 이후 프랑스의 행복의 역사Histoire du bonheur en France depuis 1945』, Robert Laffont, 2013.

9   『자본주의의 새로운 정신Le Nouvel Esprit du capitalisme』, Gallimard, 1999.

10 세르주 오디에Serge Audier, 『반68혁명 사상La Pensée anti-68』, La Découverte, 2008.

11 그의 저서 『계몽주의 시대의 정신L'Esprit des Lumières』, Robert Laffont, 2006에서.

12 당시 대학은 교회와 정부라는 두 권력의 경쟁관계를 이용해 점차 독립성을 쟁취해나갔다. 예컨대 역사학자 자크 르고프는 『또 다른 중세Un autre Moyen Âge』, Gallimard, Quarto 총서, 1999에서 "새로운 시대의 인간은 인본주의자다. 그리고 무엇보다도 1400년대 즈음 첫 세대의 이탈리아 인본주의자—그 자신도 상인인—로서, 자신의 사업적 구조를 삶 속으로 옮겨온 자"라고 지적했다.

13 농경사회 가운데서도 이집트나 고대 중국 같은 '수력제국hydraulic empire'은 구분해야 한다. 이들 제국은 관개를 강수에만 의존했던 사회들보다 훨씬 높은 강도의 강제력을 행사했다. 카를 비트포겔Karl Wittfogel, 프랑스어 번역판 『동양의 전제정권Le Despotisme oriental』, Éd. de Minuit,

1977.

14 그렇지만 젊은 세대에서는 출신 국가를 막론하고 동성애에 더 큰 관용을 보이는 경향이, 그리고 동성애에 더 호의적인 전반적 태도 변화 또한 관찰된다.

15 셰인 프레데릭Shane Frederick·조지 로웬스타인George Lowenstein, 「쾌락의 적응Hedonic adaptation」, 『웰빙: 쾌락적 적응의 토대Well Being: The Foundation of Hedonic Adaptation』, D. Kahneman, Ed Diener et N. Schwarz (ed.), New York, Russell Sage Foundation, 1999.

16 듀젠베리의 논문은 그의 저서 『수입, 저축 그리고 소비자 행동 이론 Income, Saving and the Theory of Consumer Behavior』, Harvard University Press, 1952에 실렸다.

17 에르조 F. P. 루트머Erzo F. P. Luttmer, 「이웃은 부정적 영향을 미친다: 상대적 수익과 행복Neighbors as negatives: relative earnings and well-being」, 『Quarterly Journal of Economics』, 2005. 또한 이 개념을 발전시키고 비판을 더한 새라 플레시Sarah Fleche의 학술 논문 「경제적 행복론Essays in Happiness Economics」, EHESS, 2014을 참조하길 바란다. 클로디아 세닉 Claudia Senik, 『행복의 경제L'Economie du bonheur』, Le Seuil, 2014와 리처드 레이어드Richard Layard, 『행복, 새로운 학문Happiness, a New Science』, Penguin, 2006은 행복에 관한 경제 이론을 충실히 소개해놓았다.

18 SALSA, 『임금 근로자를 대상으로 한 임금 관련 설문조사Enquête sur les salaires auprès des salariés』, Lepremap, 2011.

19 조지 로웬스타인George Lowenstein·테드 오도노휴Ted O'Donoghue·매슈 래빈Matthew Rabin, 「향후의 유용성을 예측하는 추정수단Projection Bias in Predicting Future Utility」, Quarterly Journal of Economics, 2003년 11월.

20 프로이트는 『토템과 터부Totem et tabou』에서 친아버지의 실제 살해라는 가설을 진지하게 받아들였음을 보여주었다. 『모세와 유일신앙Moïse et le monothéisme』에서는 히브리 민족이 모세의 전제적 행동을 더는 참지 못했을 뿐 아니라, 실제로 시나이 산에서 그를 죽였다고 주장하며 이 가설

을 다시 내세웠다. 그는 오스트리아 나치당의 위협을 받는 상황에서도 런던으로의 망명까지 늦춰가며 이 연구에 강력한 중요성을 부여했다. 이 개념이 그저 하나의 은유가 아니라 역사적 진실이라고 봤다. 프로이트는 모세가 이집트 밖으로 하나의 집단이자 종파를 이끌고 나간 이집트 왕자였음을 보여주는 데, 그리고 모세의 계율과 금기에 지쳐버린 신도들이 어째서 결국 그를 죽였는지를 설명하는 데 중점을 두었다. 그것이 바로 '황금송아지' 장면의 실질적인 해명이며, 이는 왜 유대인이 전 세대에 걸쳐서 아버지 살해에 말 그대로 극도의 죄책감을 느끼는지를 설명해준다. 이에 프로이트는 유대인을 '도덕적 금욕에의 도취'에 사로잡힌 민족이라고 특징지었는데, 이런 도취감은 유대인을 고대사회에서는 생소했던 도덕적 수준으로 이끌게 되었다. 이 유대인 덕분에 서양은 루스 베네딕트가 묘사했던 일본에서 그 흔적을 볼 수 있는 '수치의 문화'에서, 서양 특유의 '죄책감의 문화'로 넘어갔던 것이다. 이 번득이는 해석에 문제가 있다면, 고고학계에서는 모세가 이집트를 정말로 탈출했는지에 심각한 의혹을 제기하게 되었으며, 그러니 더군다나 이 살인이 실제로 일어났는지는 두말할 필요도 없다는 것이다.(이 부분에 대해서는 이스라엘 핑켈스타인Israël Finkelstein·닐 애셔 실버먼Neil Asher Silberman, 프랑스어 번역판『폭로된 성경La Bible dévoilée』, Bayard, 2002를 참조하라.)

21 르네 지라르René Girard,『폭력과 성스러움La Violence et le Sacré』, Grasset, 1972. 한국어판『폭력과 성스러움』, 박무호·김진식 옮김, 민음사, 2000.

22 이 개념은 1956년 그레고리 베이트슨Gregory Bateson이 도입했으며, 이후 폴 바츨라빅 외,『커뮤니케이션 논리』, op. cit에서 다시 다뤄졌다.

23 노베르트 엘리아스처럼, 르네 지라르는 개인적 보복의 포기를 르네상스 시대에 진행된 주요한 변화라고 분석했다. 그는 셰익스피어의 희곡에 대한 해설에서, 이 질문과 마주한 햄릿의 '병리학적' 망설임을 이 같은 태도 변화의 근사한 문학적 표현이라고 분석했다. "셰익스피어는 전형적인 보복의 이야기를, 보복에 이골이 난 극작가의 곤란한 상황에 관한 성찰로 바꿔놓았다",『셰익스피어, 선망의 불Shakespeare, les feux de l'envie』,

Grasset, 1990.

24 『현대적 성장La Croissance moderne』, Economica, 2002.

25 데이비드 블랜치플라워David Blanchflower와 앤드루 오스왈드Andrew Oswald의 최근 분석 「국제적 행복International Happiness」, NBER 16668, 2011을 참조하라.

26 이 점에 관해서는 규정된 노동과 실제 노동을 구분한 크리스토프 데주르Christophe Dejours의 『살아 있는 노동Travail vivant』, Vol 2, Payot, 2009 속 분석을 참조할 것.

27 『자립성의 피로La Fatigue d'être soi』, Odile Jacob, 1998.

28 이 부분은 UN에서 발표한 2014년도 「세계행복보고서World Happiness Report」에 나온 내용을 인용했다.

29 「2013년도 세계행복보고서World Happiness Report, 2013」와 보고서 「덴마크의 행복 탐구Exploring Danish Happiness」, 2014에 따른다.

30 그렇다고 해서 덴마크인이 전부 성인군자라는 것은 아니다. 여타 스칸디나비아 국가나 네덜란드와 마찬가지로, 이들의 관용적 전통도 외국인을 혐오하는 극우파의 출현을 막지 못했다.

31 2013년도 「세계행복보고서」에서 인용한 에드 디너Ed Diener 외의 연구에 따른 내용이다.

32 오늘날 학자들은 고용 시장을 저량stock보다는 유량flow이라는 용어로 고찰한다. 사실상 문제는 실업자의 저량이 얼마나 되는지 알아내는 것보다 그 실업자 각자가 재취업을 하기까지 기간이 얼마나 걸리느냐를 알아내는 것이다. 2010년 노벨경제학상을 공동 수상한 피터 다이아몬드Peter Diamond, 데일 모텐슨Dale Mortensen, 크리스 피서라이즈Chris Pissarides의 소위 DMP 모델은 이 분야의 표준이 되었다.

33 La Société de défiance: comment le modèle français s'autodétruit, Cepremap, Éditions Rue d'Ulm, 2007.

34 프로이트는 동질의 개념을 제안했다. "괴로움은 삼면에서 위협해온다. 노쇠하여 흙으로 돌아갈 운명이자, 위험 신호인 육체적 고통과 불안을 피해나갈 수 없는 우리의 육체로부터. 무정하고도 파괴적이며 거대한 힘을

지니고서 우리에게 얼마든 맹위를 떨칠 수 있는 외부 세계로부터. 마침 내는, 다른 인간들과의 관계로부터. 이 인간관계의 괴로움이야말로 가장 고통스러운데, 우리가 이를 불필요한 덤이라고 보기 때문이다."

35 따라서 얀 알강과 피에르 카위크는 이런 결론을 내렸다. "그러므로 상호 신뢰와 시민정신을 장려하기 위해서는, 우리 복지국가의 조합주의적 논리와 단절하고 모두에게 동일한 특혜를 제공하는 보편주의적 논리로 방향을 잡아야 한다."

36 이민자들의 지리적 출신이 가치 관련 질문에 대해 그 후손이 내놓은 답변에 (시간이 지날수록 줄어들기는 하지만) 중요한 설명이 된다는 사실은 여러 연구를 통해 증명되었다. 이민자 부모를 둔 아이들은 본국의 아이들과 유사한 수준의 신뢰 자산을 보유한다. 알강과 카위크의 방법은 해당 국가의 특정 시기의 특정 상황에서 유래하는 요인들을 약화시켜준다. 그들이 조사 대상으로 삼은 응답자 전원은 미국에 살고 있으며 따라서 동일한 상황적 돌발성에 놓였다.

37 『미국의 민주주의』, 제2권.

38 프랑스 사회 전반의 지리적, 사회적 분리 현상segregation에 관한 연구에서 에드몽 프레테사이Edmond Préteceille는 도시의 분리 현상이 특히 상위 계층에서 일어난다는 사실을 확인했다. 「불평등의 영역, 거주지, 사회적 분리 현상. 프랑스 사회와 그 단절Les registres de l'inégalité, lieu de résidence et ségrégation sociale. La société française et ses fractures」, Paris, Cahiers français, n° 314, 2003년 4~6월호, p. 64~70을 참조하라.

39 로스는 장기기증이나 신장 기증처럼 그 자신이 '혐오' 거래라고 명명한 거래에 관한 연구로 2012년 노벨경제학상을 받았다.

40 인터넷상의 족내혼 또한 지적인 형태의 족내혼 현상이다. 인터넷상의 정보는 어마어마하지만 모두가 자신이 이미 생각했던 사실을 확인해주는 경향의 정보만 탐색하고 발견할 뿐이다. 이를 가리켜 심리학자들은 '확증 편향confirmation bias'이라고 부른다.

41 자크 돈즐로Jacques Donzelot, 『사회를 이루다: 미국과 프랑스의 도시 정책Faire société: la politique de la ville aux États-Unis et en France』, Le Seuil,

2003, 에릭 모랭Éric Maurin, 『프랑스의 게토Le Ghetto français』, Paris, Seuil, La République des idées 총서, 2005.

42 거주지역상의 불평등은 지속적 불평등으로 변모한다. 공공재의 접근성, 특히 교육 접근성이 나뉘는 것이다. 미국의 학군이 주택 가격에 미치는 영향을 연구한 샌드라 블랙Sandra Black은 이런 결론을 내렸다. "요컨대, 가장 경쟁력 있는 공립학교 근처에서 거주하는 것은 자녀를 최상의 사립학교에 보내는 것과 비슷한 비용이 든다."

43 리처드 프리먼Richard Freeman·얼링 바스Erling Barth·알렉스 브라이슨 Alex Bryson·제임스 데이비스James Davis, 「관건은 어디서 일하느냐다: 미국 내 기관 및 개인의 소득 불평등 증가It is where you work: increases in earnings dispersion across establishments and individuals in the US」, NBER, n° 20447, 2014.

44 René Girard, 『희생양Le Bouc émissaire』, Grasset, 1982.

45 바타유는 이렇게 덧붙였다. "인간은 동물성을 버림으로써 세계를 잃어버렸지만, 그럼에도 세계에 대한 이러한 상실감을 지각했다."

46 래리 서머스는 경제성장이 무엇을 야기했는지를 잘 보여주는, 몇 가지 가격 변동 사례를 제시했다. 미국에서 평균 물가는 지난 30년간 두 배로 급증했다. 과거 가격이 평균 100달러였던 물건은 인플레이션 때문에 오늘날 200달러에 팔린다. 그러나 이러한 평균 수치는 전혀 균질하지 않다. 예컨대 TV 가격은 20배 하락한 반면, 의료 서비스 비용은 4배, 대학 등록금은 7배 증가했다. 다시 말하자면, TV 가격에 관해서는 근로자의 구매력이 10배 증가한 반면 의료 서비스에 대해서는 2배 감소한 셈이다. 더 일반적으로, 미국 근로자의 구매력이 평균적으로 정체된 것은 에너지 가격, 집세, 교육비, 의료비 상승 때문이다.

47 1965년에만 해도 단 10년 후에 '영광의 30년'이 끝날 것이라고는 그 누구도 예측하지 못했다. 1975년에 이르러서도 성장이 끝났음을 부인하는 현상이 10년 넘게 계속되었다. 1985년에 중국이나 인도가 재도약할 것이라고는, 무엇보다 인터넷이 탄생하리라고는 아무도 예상하지 못했다. 2005년에는 지난 30년 이래 최대의 금융위기가 목전에 도래했다는 사

실을 누구도 이해하지 못했다. 충실하게 정리된 경제학 문헌에서 얻을 교훈이 있다면, 10년마다 새로운 10년이 끝없이 이어지지만 이 기간들은 서로 전혀 다르며, 하나의 기간을 다른 기간에 확대 적용하는 것은 사실상 불가능하다는 점이다.

48 피에르 르장드르, 『서양이 서양에서 보지 못하는 것』, op. cit.

49 죄수의 딜레마는 사람 간의 협조능력을 측정하는 실험인데, 기분이 좋은 피실험자와 기분이 나쁜 피실험자들을 대상으로 이 실험이 시행되었다. 그 결과, 기분이 좋은 피실험자들에게서 협력적인 안정감이 훨씬 더 자주 나타났다.

50 보건 분야가 유일한 산업 분야인 세상을 상상해보자. 그리고 이곳의 유일한 직업은 의료 서비스 관련직뿐이다. 환자들은 쿠폰으로 의사에게 비용을 지불하고, 의사들 역시 자신이 아플 때는 이 쿠폰으로 치료를 받는다. 여기서의 쿠폰이 바로 사회보장기여금인 셈이다. 이 제도가 작동하기 위해 다른 분야가 성장할 필요는 없는 것이다.

51 그리고 르네 지라르는 시샘과 모방적 경쟁관계를 구분해야 한다고 주장했다.

52 올리비에 몽쟁Olivier Mongin, 『흐름의 도시La Ville des flux』, Fayard, 2013.

출구 없는 사회

초판 인쇄   2019년 2월 22일
초판 발행   2019년 3월 4일

지은이   다니엘 코엔
옮긴이   박나리
펴낸이   강성민
편집장   이은혜
마케팅   정민호 정현민 김도윤
홍보   김희숙 김상만 이천희

펴낸곳   (주)글항아리 | 출판등록 2009년 1월 19일 제406-2009-000002호
주소   10881 경기도 파주시 회동길 210
전자우편   bookpot@hanmail.net
전화번호   031-955-1936(편집부) 031-955-8891(마케팅)
팩스   031-955-2557

ISBN   978-89-6735-598-2 03320

이 도서의 국립중앙도서관 출판예정도서목록(CIP)은 서지정보유통지원시스템 홈페이지
(http://seoji.nl.go.kr)와 국가자료종합목록시스템(http://www.nl.go.kr/kolisnet)에서
이용하실 수 있습니다. (CIP제어번호 : CIP2019003963)